DESARROLLO DE COMPETENCIAS COMUNICACIONALES CON EL MODELO DE PROGRAMACIÓN NEUROLINGÜISTICA PARA LA ORIENTACION Y DOCENCIA UNIVERSITARIA

DESARROLLO DE COMPETENCIAS COMUNICACIONALES CON EL MODELO DE PROGRAMACIÓN NEUROLINGÜISTICA PARA LA ORIENTACION Y DOCENCIA UNIVERSITARIA

DR. MIGUEL S. HERRERA ESTRAÑO
DR. JOEL A. LEON MONTES

Número de Control de la Biblioteca del Congreso de EE. UU.: 2013911635

ISBN:	Tapa Dura	978-1-4633-6059-7
	Tapa Blanda	978-1-4633-6058-0
	Libro Electrónico	978-1-4633-6057-3

Esta es una obra de Investigación de Paradigmas educacionales. Los autores agradecen a los creadores mencionados de las diversas investigaciones reportadas en los Antecedentes y en el Marco Teórico fundamentalmente, sus importantes aportes y le reconocen su autoría en los fragmentos de texto citados; aportes de suma importancia y originalidad, sin los cuales, esta investigación no hubiese sido posible.

Este libro fue impreso en los Estados Unidos de América.

Fecha de revisión: 11/07/2013

Para realizar pedidos de este libro, contacte con:
Palibrio LLC
1663 Liberty Drive
Suite 200
Bloomington, IN 47403
Gratis desde EE. UU. al 877.407.5847
Gratis desde México al 01.800.288.2243
Gratis desde España al 900.866.949
Desde otro país al +1.812.671.9757
Fax: 01.812.355.1576
ventas@palibrio.com
476312

ÍNDICE

INTRODUCCIÓN 9

CAPITULO I

EL PROBLEMA 11

Planteamiento del Problema 11

Objetivos de la obra 16

Justificación 16

CAPITULO II

MARCO REFERENCIAL 18

Antecedentes 18

Bases Teóricas. 22

La Programación Neurolingüística: definición, origen y generalidades 22

Postulados Básicos de la Programación Neurolingüistica. 29

La Educación Universitaria 45

CAPITULO III

METODOLOGÍA 48

Naturaleza del Estudio 48

CAPITULO IV

FORMULACIÓN DEL PROYECTO 53

ETAPA I. DIAGNOSTICO 53

CAPITULO V

CONCLUSIONES 93

RECOMENDACIONES..........94

REFERENCIAS..........97

ANEXO A..........101

ANEXO B..........109

ANEXO C..........112

DEDICATORIA

A la memoria de nuestros padres, quienes nos motivaron, el amor al estudio y al trabajo como camino a la realización.

A mi esposa Giuseppina, persistente, infatigable y solidaria compañera en todos nuestros contextos vitales.

A nuestros hijos, Maria Fabiola, Miguel Jesús, fuentes de inspiración para el logro de nuestros proyectos personales y profesionales.

Y a nuestros compañeros de trabajo del Departamento de Salud Mental, Facultad de Ciencias de la Salud, Universidad de Carabobo, sede Aragua, por permitirnos aprender de ellos(as) y compartir su valiosa amistad.

AGRADECIMIENTOS

A la Universidad de Carabobo, con cuya Misión y Visión los autores nos sentimos identificados plenamente.

Al Departamento de Salud Mental de la FCS Universidad de Carabobo Núcleo La Morita, estado Aragua, motivo y razón fundamental de nuestras múltiples inquietudes Académicas.

A Yusmedi y Judith, nuestras eficientes secretarias del Departamento de Salud Mental, por su valiosa y eficiente cooperación en la trascripción y culminación de este trabajo.

INTRODUCCIÓN

La comunicación constituye una estrategia clave para optimizar el aprendizaje y representa la vía para relacionarse con otras personas.

En el contexto educativo, ayuda en la implementación de estrategias innovadoras y recursos para el desarrollo del proceso de aprendizaje y del fortalecimiento en la interrelación docente-alumno.

Actualmente se considera que la calidad educativa está circunscrita a la transformación de los paradigmas pedagógicos utilizados por los docentes con respecto a las estrategias metodológicas. Los docentes deben concebirse como protagonistas de la transformación educativa, ser gestores de sus investigaciones para así solventar necesidades educativas en sus escenarios de aprendizaje.

Se comprende la necesidad que los mediadores del conocimiento optimicen el proceso de aprendizaje aplicando fundamentos, como los proporcionados por la Programación Neurolingüística y sus Estrategias Comunicacionales, para propiciar al máximo las potencialidades del educando y lograr un aprendizaje significativo al armonizar estrategias de aprendizajes para ambos hemisferios.

La Programación Neurolingüística busca que el ser humano aprenda a realizarse, ayuda a comprender el modo en que cada persona estructura su experiencia, con el propósito de transformarla para lograr el éxito y la autorrealización.

En esta obra se tiene como objetivo diseñar una Propuesta Educativa para el desarrollo de Competencias Comunicacionales, sustentadas en el enfoque de la Programación Neurolingüística, aportando los insumos teóricos-prácticos necesarios en los docentes y su aplicación en el proceso de aprendizaje para lograr cambios relevantes en el proceso.

La estructura de este estudio se presenta en las etapas que comprenden un Proyecto Factible: diagnóstico de la situación, planteamiento y fundamentación teórica de la Propuesta, procedimiento metodológico, las actividades y recursos necesarios para su ejecución y el análisis de su viabilidad y posibilidad de realización.

CAPITULO I

EL PROBLEMA

Planteamiento del Problema

En todo sistema educativo pueden distinguirse algunas actividades que son partes fundamentales del proceso de enseñanza-aprendizaje. Se encuentran actividades de planificación, evaluación, administración y orientación educativa, dirigidas al docente como actor responsable del mencionado proceso para propiciar un máximo aprovechamiento de las potencialidades del educando.

Los docentes deben concebirse como los protagonistas de la transformación educativa, ser gestores de la enseñanza para así solventar necesidades educativas en sus escenarios de aprendizaje.

Las aulas de clase son espacios idóneos para implementare soluciones a problemas acordes con la naturaleza de las situaciones y detectar fallas en el quehacer educativo. Por esto se hace inaceptable la posibilidad que en la era del conocimiento, aún se faciliten aprendizajes sin considerar las innovaciones y el carácter holístico demandado por la sociedad globalizadora.

El docente no debe reducir su labor a la simple transmisión de información o facilitador del aprendizaje, ante todo debe convertirse en un mediador en el encuentro comunicativo con el participante.

La función del docente no debe limitarse sólo a impartir conocimientos teóricos-prácticos, sino también tiene que proporcionarle a sus alumnos situaciones vivénciales que le brinden la oportunidad de conocerse a sí mismo, de identificarse consigo y con el entorno, porque esto lo llevará al desarrollo pleno de su personalidad.

Uno de los elementos más relevantes con que cuenta el docente en el proceso de enseñanza, es la comunicación.

La comunicación es la matriz en la cual están enclavadas todas las actividades humanas. Sólo el hombre puede superar el abismo que se abre entre persona y persona, transmitiendo pensamientos, sentimientos, deseos, actitudes, comprendiendo e interpretando algo.

De acuerdo con lo expresado, además de la palabra el hombre comunica con sus posturas, gestos, expresiones, voz y hasta con el silencio, actuando así con un criterio de integración y no de exclusión. Redondo (1999), plantea que allí donde no lleguen las palabras, pueden quizás llegar los gestos. Ellos originan una respuesta o reacción de sus interlocutores.

Para que la comunicación sea posible debe existir cierto nexo de unión entre quienes entran en relación o contacto. Este nexo es por consiguiente anterior a la comunicación y exigido por ella. Es como una apertura por medio de la cual va a realizarse la comunicación propiamente dicha.

La vía de la responsabilidad permite el contacto con la realidad del otro, proporcionando un ambiente para la interacción. Si dicho ambiente es efectivo, constructivo y fluido, entonces la comunicación será armónica, proceso en el cual se aprecian tres elementos que Sambrano (1997) diferencia como emisor, destinatario y mensaje.

El proceso de comunicación se da dentro de un contexto social y como tal, es afectado por factores concluyentes de la más variada naturaleza que pueden minimizar, exagerar o distorsionar el proceso en un momento determinado. De allí que la comunicación debe ser un acto consciente, libre y recíproco, bajo la convicción que comunicarse es un factor esencial de convivencia y una de las formas que asume la sociabilidad humana.

Se dice que una comunicación efectiva genera al individuo sentido a la propia existencia, responsabilidad, honradez, creatividad y la habilidad para trabajar con las situaciones cotidianas sin que ello le genere conflicto. En esa comunicación es fundamental observar lo que hacen las personas y no solo lo que dicen.

Es así donde el contexto, como elemento esencial de la comunicación, se refiere a la realidad, las situaciones y circunstancias que vive cada persona. Una relación adecuada pone en juego la capacidad de discernir y determinar la utilidad y la aplicación que el medio aporta del crecimiento y de la vida. El sentido y el significado de la práctica comunicativa no son propios de las actividades o al hecho como tal, sino a aquellos que interactúan e interpretan la relación comunicativa desde la situación donde ocurre.

La comunicación debe ser enriquecedora y activa en el sentido que tanto el docente como el alumno ocupen el papel de emisor- receptor.

El docente en su rol orientador, para poder lograr eficiencia y cambios significativos en el alumno debe tratar de utilizar un lenguaje motivador, cargado de valores, congruentes con su función y su objetivo transformacional.

Para el logro de este objetivo es necesario implementar estrategias comunicacionales, tales como la Programación Neurolingüistica, que proporciona cambios positivos en el ser humano.

El docente en su función orientadora debe valorar la comunicación, como un acto importante para el logro de cambios favorables tanto para el alumno como para el sistema. El docente debe formar para la vida, es decir, ser un docente transformacional.

En consecuencia, se le debe dar un sentido más humanista a la comunicación en la relación docente-alumno, para alcanzar una relación satisfactoria en el proceso de enseñanza.

Para lograr esta relación es necesario implementar estrategias comunicacionales adecuadas, capaces de proporcionar el resultado deseado. Uno de los caminos que conducen hasta esta relación es la Programación Neurolingüistica.

La Programación Neurolingüística (PNL) es una herramienta de trabajo para todas las personas, que trabajan con o para las personas. Utiliza una serie de técnicas destinadas a analizar, codificar y modificar conductas por medio del estudio del lenguaje verbal, gestual y corporal. La aplicación de la PNL proporciona cambios positivos en el ser humano, obteniéndose resultados altamente enriquecedores sobre todo en lo referente a alcanzar la excelencia y la maestría en la comunicación, especialmente en el área de la comunicación, la psicoterapia y las organizaciones.

La Programación Neurolingüística contiene modelos de programas que el docente puede procesar para tomar decisiones, resolver, aprender y transformar.

Se emplean zonas del cerebro dirigidas hacia metas más prósperas, donde antes se cometían numerosos errores, estos se reducirán, donde había confusión se encuentra claridad. Toda la información está condensada en mapas eficientes que permiten ver la información de manera instantánea y ejecutar la próxima acción con elegante precisión, es liberar el pensamiento de órdenes caóticas y comenzar a usar todo el cerebro en la consecución de un aprendizaje.

En una escuela de medicina de una universidad venezolana, los autores apreciaron que en los cursos de formación docente no se profundizaba suficientemente en técnicas especificas para lograr una mejor comunicación docente - alumno y propiciar el uso del potencial que tiene cada uno de los estudiantes para su desarrollo personal; además, se observo que en muchos docentes existe como una especie de creencia, de haber culminado su formación pedagógica sin presentar una apertura a las nuevas metodologías comunicacionales que mejoran el proceso enseñanza aprendizaje.

Estas situaciones anteriormente descritas, han propiciado notables interferencias en la comunicación y en el proceso de enseñanza con el subsiguiente deterioro del aprendizaje, malestar en los alumnos y profesores, problemas de rendimiento y repitencia en algunas asignaturas de dicha escuela de medicina, donde a juicio de los autores, se aprecian limitaciones en la incorporación de modernos instrumentos y metodologías de mejoramiento y desarrollo comunicacional y personal, considerados como esenciales en la nueva estructura de las escuelas de medicina, fundamentales en Ciencias de la Salud

Como consecuencia de todo lo planteado vale la pena hacerse las siguientes interrogantes que ayudarían a clarificar las condiciones en que se encuentran los docentes de las escuelas de medicina:

¿Qué nivel de conocimiento poseen los docentes en relación a la Programación Neurolingüística como estrategia comunicacional?.

¿Con qué frecuencia aplican los docentes la Programación Neurolingüística como estrategia comunicacional?

Las respuestas a estas interrogantes conllevo a la formulación de una propuesta educativa para desarrollar en los docentes, nuevos conocimientos y nuevas actitudes. Además de fomentar el desarrollo y la creación de un contexto en el que se puede aprender, lo cual se traducirá en una ventaja competitiva para la institución.

Objetivos de la obra

Objetivo General

Diseñar una Propuesta Educativa para el desarrollo de Competencias Comunicacionales, sustentadas en el enfoque de la Programación Neurolingüistica, dirigida a los docentes de las escuelas de medicina, donde los autores ejercieron sus labores académicas y realizaron la investigación, fundamento de esta obra.

Objetivos Específicos

1. Diagnosticar en los docentes universitarios, el nivel de conocimiento y la frecuencia de aplicabilidad de la Programación Neurolingüística como estrategia comunicacional en el aprendizaje.
2. Formular la propuesta educativa para el desarrollo de las Competencias Comunicacionales, basadas en la Programación Neurolingüística.

Justificación

La comunicación se utiliza para entender a las personas y para satisfacer las necesidades propias de cada individuo.

La puesta en práctica de estrategias comunicacionales y el manejo de su conocimiento teórico, facilitan al docente cumplir efectivamente con su rol orientador del proceso de aprendizaje para influir de manera positiva en el alumno y así poder lograr cambios significativos.

Dentro de las necesidades del contexto educativo de hoy, existe el enriquecimiento de la relación docente-alumno en su proceso de formación. Las estrategias comunicacionales brindan esa oportunidad, siendo la PNL una de las herramientas favoritas, por cuanto conduce a la producción de cambios significativos en los alumnos y a su vez le da un enfoque de apoyo al docente para generar una enseñanza basada en características de logros hacia el camino de la excelencia.

El uso de esta herramienta ayuda a evitar la práctica aburrida y rutinaria en el proceso, gerenciando una interacción positiva entre educandos y mediadores del aprendizaje, con la finalidad de lograr experiencias estimulantes, valiosas y productivas.

El diseño de una propuesta bajo un enfoque Neurolingüístico ayuda a brindar un aporte educativo a los facilitadores del proceso de aprendizaje en las escuelas de Medicina y otros ambientes de la educación superior, con el propósito de proporcionarles estrategias y técnicas comunicacionales que le permitan cambios significativos en el desarrollo del proceso. Además les permitirá la adquisición de un mejor diseño para formación de los estudiantes y orientará los conocimientos hacia un proceso más dinámico. De allí la importancia de formular la propuesta educativa y ponerla en acción en el menor tiempo posible.

CAPITULO II

MARCO REFERENCIAL

Antecedentes

Se presentan estudios que ofrecen un valioso aporte en el desempeño eficaz de la praxis educativa y un alto significado pedagógico mediante la interrelación docente y alumno para generar el dominio de Competencias Comunicacionales.

En este sentido se presentan investigaciones pertinentes al estudio:

Rojas (1998) realizó una investigación bajo la modalidad de Proyecto Especial, el propósito fue determinar la forma como los docentes conducían la comunicación, y sobre la base de los resultados elaboró una propuesta educativa para el desarrollo de competencias comunicativas siguiendo el modelo de la Programación Neurolingüística. Los sujetos de estudio fueron los docentes que laboran en dos Escuelas Básicas del Municipio Peña del Estado Yaracuy, Venezuela

En el análisis de los resultados se detectó que los docentes de los planteles en estudio aplicaban competencias comunicativas de manera poco efectiva, aspecto que justificó la propuesta para mejorar el desempeño docente.

Posteriormente Chávez (1999) hizo un estudio basándose en el diseño de un Programa de Estrategias Comunicacionales dirigido a docentes de la I y II Etapa de Educación Básica de la E. B. N. “Rómulo Betancourt II” ubicada en el Municipio Autónomo Palavecino del Estado Lara, Venezuela La finalidad era proponer un cambio de conducta hacia una comunicación operativa que permitiera establecer un clima favorable en la interacción entre los docentes.

Este estudio se presentó bajo la modalidad de un Proyecto Factible, donde los sujetos en estudio fueron 36 docentes de la institución, a quienes se les aplicó un cuestionario y se concluyó que los docentes tenían dificultades para utilizar las estrategias comunicacionales.

Así mismo, Díaz (1999) enfocó su investigación en el diseño de un Programa de Estrategias Comunicacionales para optimizar el clima organizacional de la U.E.N. "Las Veritas" en el Estado Lara, Venezuela. Realizó un diagnóstico para detectar los factores que intervenían en el desenvolvimiento del clima organizacional de la mencionada institución. La población en estudio estuvo conformada por todo el personal y en el análisis de los resultados se encontró que existe una comunicación descendente reflejada en la baja participación del personal, lo que condujo a la elaboración del programa.

Lugo (1999) diseñó, aplicó y evaluó talleres basados en los principios teóricos del modelo del Cerebro Triuno y la Programación Neurolingüística como herramienta para el mejoramiento del aprendizaje. El estudio estuvo orientado en una Investigación de Campo, los sujetos que conformaron la muestra tenían edades comprendidas entre 18 y 26 años estudiantes del primer semestre del Instituto Universitario de Teatro.

En los resultados se evidenció la necesidad que tenían los alumnos de adquirir conocimientos y habilidades relacionadas con la Programación Neurolingüística para mejorar la efectividad en el proceso de enseñanza-aprendizaje.

Igualmente Castillo (2000) presentó un Programa Comunicacional dirigido a los docentes para el mejoramiento de su desempeño académico en la U. E "Francisco García de Hevia" en el Estado Táchira, Venezuela La población estuvo conformada por 13 docentes y 79 alumnos, el estudio se presentó como un Proyecto Factible y los resultados expresan que la comunicación que se establece entre el docente y el alumno se caracteriza por no ser operativa, ya que los docentes no utilizaban adecuadamente las formas de comunicación.

Se sugirió el empleo de estrategias de comunicación para mejorar el desempeño académico del docente haciendo uso de la Programación Neurolingüística con el fin de apropiar sus principios y términos.

En relación a las técnicas del superaprendizaje incluyendo a la Programación Neurolingüística, Córdova (2000) las empleó en 63 docentes de la I Etapa de Educación Básica del Distrito Escolar Nº 5 del Municipio Peña, del Estado Yaracuy, Venezuela El objetivo era determinar la utilización de la Programación Neurolingüística por parte de los docentes, el instrumento aplicado para recolectar los datos fue un cuestionario y los resultados demostraron que los docentes no utilizaban técnicas y estrategias tendientes a propiciar el aprendizaje de manera holística.

Medina (2000) realizó un estudio sobre la Programación Neurolingüística como Estrategia Comunicacional y su efecto en el rendimiento académico de 84 estudiantes cursantes de la asignatura Lenguaje Instrumental y Comunicacional del Tecnológico "Andrés Eloy Blanco" ubicado en el Estado Lara, Venezuela. Se determinó una mayor motivación al logro y un mayor rendimiento académico cuando se hace uso de la PNL, ésta permite elevar el nivel de comunicación entre los actores del proceso educativo consolidando ideas, sentimientos y emociones con el propósito de llegar a ser un buen comunicador.

En el campo de la orientación, Perdomo (2000) investigó sobre la Programación Neurolingüística como estrategia comunicacional del docente para ejercer su liderazgo transformacional, mediante un Proyecto Factible en 40 docentes de la I, II, III Etapa de Educación Básica. Previa aplicación de un cuestionario se planteó que el ser humano es un ser social que necesita emplear estas estrategias para poder interactuar en su entorno y lograr influir en los demás individuos.

González (2001) desarrolló una propuesta Metodológica basada en el modelo de la Programación Neurolingüística para la enseñanza de la Lengua, aplicada a 50 docentes que laboran en la U. E .N "Zarina de Azuaje" en el Estado Lara, Venezuela. Metodológicamente estuvo apoyado en una Investigación de Campo Descriptiva con el objetivo de diagnosticar las necesidades docentes acerca del conocimiento de teorías de aprendizaje y el uso de estrategias Neurolingüísticas.

Se le aplicó un instrumento con escala Likert, la información permitió conocer las estrategias que utilizaban los docentes y en base a esto se elaboró la Propuesta Metodológica basada en la Programación Neurolingüística para desarrollar el poder creador del educando, como base fundamental para el logro de una competencia comunicacional efectiva.

Otro aporte valioso sobre los Fundamentos Psicopedagógicos y Estrategias de Programación Neurolingüística lo realizó Rodríguez (2002) en los docentes del Instituto de Mejoramiento Profesional del Magisterio Núcleo Portuguesa, Venezuela. Tuvo como propósito diagnosticar el nivel de conocimiento y el grado de aplicabilidad de estas estrategias en 93 docentes. El instrumento utilizado en el estudio fue un cuestionario donde los resultados indicaban que estos profesionales carecían de conocimientos y habilidades para utilizar adecuadamente la Programación Neurolingüística y sus estrategias.

Bajo un enfoque de Programación Neurolingüística Alvarado (2003) realizó una investigación sobre el diseño de un Programa de Capacitación dirigido a los facilitadores de la Maestría en Educación Superior de la UPEL-IPB, en Venezuela. Se desarrolló en la modalidad de Proyecto Factible, los datos se recolectaron por medio de un cuestionario de opinión tipo encuesta, se evidenció la necesidad de diseñar este Programa y se recomendó a las autoridades competentes crear lineamientos para su ejecución y a los facilitadores la apropiación de estrategias de PNL para optimizar la comunicación con los participantes de postgrado.

Salazar (2003) propuso el diseño de herramientas Neurolingüísticas y proceso de enseñanza exitoso en los docentes de Educación Básica en la I, II Etapa. Presentó el estudio como una Investigación de Campo Experimental en 20 profesionales de la docencia del Distrito Escolar N° 4.

De los resultados se infiere que los docentes que conocen y usan las pautas Neurolingüisticas, demuestran habilidades y un mejor desempeño personal, lo que contribuye a desarrollar la creatividad y motivación en el educando. Por esto se recomienda capacitar a los docentes en materia de Programación Neurolingüística para facilitar el proceso de transformación.

Bases Teóricas.

La Programación Neurolingüística: definición, origen y generalidades.

Según Saint Paúl y Tenenbaum (1996) la Programación Neurolingüística en sus orígenes se definía de forma teórica como "el estudio de la estructura de la experiencia subjetiva del ser humano. Además como un método para comunicarnos con eficacia y aplicar los cambios necesarios para consignar los objetivos".

Afirma que en la actualidad, se le considera más como un enfoque, cuyo objetivo esencial es el de permitir a los seres humanos desarrollarse y realizarse plenamente en todos los ámbitos y niveles de la vida, inclusive a nivel espiritual.

Para O'Connor y Seymour (1996) la Programación Neurolingüística, se dedica al estudio de cómo las personas alcanzan la excelencia en cualquier terreno y de cómo se enseñan estas pautas a otras personas, para que también puedan alcanzar los mismos resultados. A este proceso se le da el nombre de modelar. El campo de la Programación Neurolingüística no sólo incluye el modelar, sino también los modelos que se crean. Estas pautas, habilidades y técnicas se utilizan cada vez más en el asesoramiento, la educación y la empresa para obtener una comunicación más eficaz, un aprendizaje más rápido y un mayor desarrollo personal y profesional. Este modelo deja de lado la cuestión de el por qué algunas personas alcanzan la excelencia, ya que la idea de un talento innato no conduce a ninguna parte, lo que hace la Programación Neurolingüística es examinar el cómo alcanzar la excelencia y cómo se puede enseñar a otras personas a alcanzarla utilizando esas pautas.

McDermott y O'Connor (1999) consideran que la Programación Neurolingüística es el estudio de la estructura de la experiencia subjetiva. Su esencia es lo que se ha llamado "modelado": descubrir cómo hacemos lo que hacemos. La Programación Neurolingüística modela la excelencia en la salud, el deporte, la comunicación, la enseñanza, el aprendizaje y otros campos.

Además, estos autores sostienen que la Programación Neurolingüística tiene tres elementos principales: La **Programación** trata de las secuencias repetidas de pensamientos y conductas, de cómo se actúa para conseguir los objetivos y las consecuencias de esos actos. El modo en que se secuencian las acciones para alcanzar los objetivos.

Neuro: referida a la vinculación del cuerpo y la mente a través del sistema nervioso. Parte de que todo comportamiento proviene de procesos del sistema nervioso, a través de los sentidos y las demás expresiones neurológicas mediante las cuales se realiza el contacto con el mundo y se le da sentido a la información, alude al sistema neurológico como la base orgánica de los procesos mentales. **Lingüística** involucra al lenguaje, la forma como se ordenan las ideas para comunicarlas e influir sobre las personas, un recurso que tiene una representación, orden y secuencia.

La Programación Neurolingüística aborda la experiencia subjetiva humana, cómo se piensa y se toman decisiones, los valores y creencias, cómo se crean los estados emocionales. Para la Programación Neurolingüistica las creencias y los estados emocionales generan conductas, por lo tanto, se puede descubrir cómo se genera el mundo subjetivo. El mayor impacto proviene del lenguaje corporal, luego del tono de voz y sólo una décima parte es el contenido propiamente dicho, no es lo que se dice, sino como se dice lo que marca la diferencia. La comunicación fluye cuando existe armonía entre las palabras y el lenguaje corporal.

El lenguaje que se utiliza corrientemente, corresponde a la denominada estructura superficial, (Chomsky, 1974), por porque sólo muestra un aspecto parcial de una realidad oculta tras las palabras; existen tres procesos que conducen a la estructura superficial: la omisión, la distorsión y la generalización, estos procesos inconscientes abrevian la experiencia y presentan una síntesis de lo que se piensa; a través del Metamodelo lingüístico o modelo de precisión, se busca a través de preguntas, encontrar la estructura profunda en el mensaje de los interlocutores; es una herramienta para preguntar y conocer con especificidad lo que piensa y siente la otra persona en su marco de realidad y permite llenar los espacios que inconscientemente dejan las personas al hablar.

Las preguntas (O´Connor, 2005), constituyen el principal medio por el que el coach en PNL explora las cuestiones que importan a su entrevistado y le ayuda a resolverlas; las preguntas poderosas tienen que ser muy precisas: suelen comenzar con la palabra Qué, conducen a la acción, están orientadas hacia objetivos, llevan al cliente hacia el futuro y contienen presuposiciones poderosas que le ayudan, así como también y descubren sus valores. Las preguntas en PNL son agrupadas en el denominado Metamodelo del lenguaje o modelo de modelos, (Carrión, 1999), fundamental para alcanzar la estructura profunda de la experiencia del docente o del alumno y permiten superar las omisiones, generalizaciones y distorsiones del lenguaje.

Para Sambrano (1997) la Programación Neurolingüística es una herramienta de trabajo para todas las personas que trabajan con o para las personas. Constituye un conjunto de técnicas que permiten analizar, codificar y modificar conductas a través del lenguaje verbal, gestual y corporal.

La Programación Neurolingüística se inicio en Estados Unidos a mediado de los años setenta, cuando John Grinder, lingüista y Richard Bandler, estudiante de informática comenzaron a modelar a algunos comunicadores excelentes en el campo de la Psicoterapia (Perls, Satir y Erickson), llegaron a la conclusión de que el lenguaje era en si una representación de algo más profundo. Tanto las palabras que se utilizaban como la manera en que son utilizadas se basan en la experiencia individual. Al principio estos investigadores explotaron pautas de lenguaje y preguntas para generar un modelo que llegó a conocerse como el Metamodelo; es el arte de utilizar el lenguaje mismo para hacerlo más claro, hacerlo más explícito, es la manera en que distintas personas utilizan su lenguaje verbal para representar el mundo en que viven. Se basa en la presuposición de que existe redundancia entre el pensamiento y el lenguaje utilizado para expresarlo, incluye las distintas maneras en que las personas conectan sus pensamientos usando el lenguaje. El comunicador experto, escuchando a sus interlocutores y utilizando el metamodelo puede reconocer; limitaciones, habilidades y conexiones existentes en el modelo del mundo del hablante, las respuestas adecuadas para establecer rapport y dirigir la conversación, hacia el terreno en el que se disponga de mayor cantidad y calidad de opciones disponibles. Los fallos de la comunicación suele producirse porque las palabras tienen distintos significados para diferentes personas, el metamodelo es el arte de formular preguntas claves para indagar que significan las palabras para un individuo determinado, haciendo posible explorar las diversas distorsiones, omisiones y generalizaciones utilizadas en el lenguaje.

El metamodelo del lenguaje es un conjunto de patrones que pueden ser usados para especificar adecuadamente la experiencia subjetiva, permite recuperar información importante que ha sido eliminada en la verbalización del hablante, y es realizado a través de preguntas que permiten identificar la experiencia de la persona y completarla. Estas preguntas son: ¿Qué?, ¿Cómo?, ¿Cuál?, ¿Quién? , ¿Dónde?, ¿Cuando?, ¿Cómo específicamente?.

El ¿Por qué? es sustituido en la Programación Neurolingüística por el ¿Cómo?, para disminuir la tendencia a las explicaciones teóricas e históricas que aportan muy poco a la comprensión del proceso de comunicación. Basándose en la suposición de que existe redundancia entre el pensamiento y el lenguaje utilizado para expresarlo. El comunicador experto en Programación Neurolingüística al escuchar a sus interlocutores puede determinar aspectos como: los límites, limitaciones, habilidades y conexiones existentes en el modelo del mundo del hablante, las respuestas adecuadas para establecer rapport y orientar la conversación hacia una mayor cantidad y calidad de opciones comunicativas disponibles. El metamodelo del lenguaje fue desarrollado alrededor de 1975 por Bandler y Grinder y publicado en "La Estructura de la Magia", volumen I (1998).

Para obtener información clara y específica acerca de un acontecimiento, opinión y situación, puede utilizarse esta herramienta de interrogación, detectando los puntos ambiguos en la comunicación de los interlocutores (denominadas técnicamente "violaciones del metamodelo") y respondiendo con preguntas que inducen al interlocutor a eliminar las ambigüedades, o al menos a especificar un poco más sus mensajes.

La Programación Neurolingüística, fue el primer modelo de comunicación en relacionar los diversos movimientos oculares utilizados cuando las personas piensan o se expresan y lo relacionaron con el tipo predominante del lenguaje utilizado, aseverando que el mundo de la experiencia humana se compone de sensaciones, sonidos e imágenes al igual que el exterior. Existen personas que predominantemente se hablan a si mismas, otras piensan en imágenes y otras en forma de sensaciones o sonidos.

Bandler y Grinder, también llegaron a concluir que todas las actividades que realiza el ser humano están caracterizadas por seguir una estrategia que puede cambiarse cuando no da los resultados que se desean. Observaron que el hombre es el único animal que sigue una misma estrategia sin lograr éxito y la repite a lo largo de su existencia, obteniendo los mismos resultados. Todo ello se deriva del conformismo y la comodidad. Es necesario aprender a tomar riesgo y asumir el mando de la propia vida, lo que en la actualidad es considerado como el salir de nuestra zona de confort.

La Programación Neurolingüística plantea que no existen fracasos sino los resultados de la aplicación de una estrategia determinada para lograr una meta, nos enseña a plantear objetivos, a modelar comportamientos para alcanzar cada vez más competencia en las áreas de desempeño.

Como disciplina nueva, en este mundo convulsionado, es un aire refrescante, aduce Sambrano (ob. cit.), que reflexiona sobre la toma de conciencia de la dimensión extraordinaria puede tener el ser humano, que se ocupa de aprender a valorar su vida y la de los demás.

La Programación Neurolingüística se inscribe dentro de los temas que pertenecen a los paradigmas actualizados, a la par de los descubrimientos científicos, pues sus bases están sustentadas bajo los principios de la cibernética, de la teoría de sistemas, de la gramática transformacional y los últimos descubrimientos de la neurociencia, entre otras.

Entre sus propósitos están el buscar en el ser humano el aprendizaje de su propia realización y de su libertad, lo ayuda a comprender el modo de estructurar su experiencia y la de los demás. Propicia la transformación para conquistar el éxito, incrementar la autoestima, mejorar la auto imagen, aumentar la capacidad creativa, controlar efectivamente las emociones, administrar adecuadamente los recursos intelectuales, las capacidades mentales, las habilidades y destrezas, para convertirse en un ser íntegro, capaz de disfrutar los dones que posee, sentirse merecedor de la felicidad, de la prosperidad y de la libertad. Además enseña a dialogar con la mente consciente para buscar respuestas a las preguntas esenciales, que podemos hacernos en algún momento importante de la vida, contemplar la relación con el mundo y el lugar que necesitamos y queremos ocupar; genera respuesta de cómo cada persona es responsable de su propia experiencia y conlleva a un sinnúmero de éxitos que enriquecen el modelo del mundo desde la perspectiva de la autorrealización.

La Programación Neurolingüística sigue creciendo y produciendo nuevas ideas en las escuelas de Estados Unidos, Inglaterra, Alemania, Francia, Latinoamérica y en muchos países del mundo.

Muchas personas están en este momento dando el gran paso de enseñar la magia del lenguaje en acción, para ver si de alguna manera contribuye a superar la gran crisis económica, política y social que están viviendo la mayoría de los países.

Señala un camino de cómo alcanzar el éxito y orienta a percibir que este se aprende y por lo tanto también se puede enseñar.

Bases de la Programación Neurolingüística.

La Programación Neurolingüística se sustenta sobre la base de la Lingüística, de la Teoría de la Comunicación, la Neurología y la Teoría de la Información.

El ser humano es comunicativo por excelencia, lo hace específicamente a través de la voz, los gestos, la postura, la escritura, los colores, los gustos, los ruidos, los sueños y otros.

La comunicación en el hombre es un proceso complejo en el que participan por igual las estructuras cerebrales, sociales y culturales.

Es un intercambio de energía entre dos sistemas o estructuras y que produce una transformación de ambos.

Los seres humanos necesitan del conocimiento de una lengua y de señales para intercambiar información. De allí la distinción entre lengua y habla.

El primer término consiste en un sistema de signos que forman el lenguaje y el habla es la realización concreta del acto de ese conjunto de signos.

Las lenguas habladas por el hombre obedecen a una serie de reglas que producen una estructura interna del discurso y conforma los modos de pensamiento que comparte con los hablantes de la misma lengua.

Cuando hablamos existe una estructura superficial (lo que se dice) y una estructura profunda (lo que se quiere decir).

Según la gramática transformacional (Chomsky, 1974), existen varios elementos que son Universales en el lenguaje: buena formación (juicios incorrectos y correctos de los hablantes de una lengua), la estructura constituyente (juicios que establecen los hablantes de una lengua acerca de los elementos que conforman una unidad para que tenga algún significado) y, las relaciones lógico-semánticas (juicios que establecen los hablantes acerca de las vinculaciones lógicas que emplea en su lengua).

Estos procesos implican que los hablantes pueden realizar transformaciones a partir de un paradigma sintáctico determinado de acuerdo a su experiencia personal, pueden organizar de manera particular el lenguaje.

Comunicarse implica establecer una relación dinámica que interviene con un funcionamiento, que genera una retroacción y convierte la comunicación en un sistema capaz de autorregulare y de retroalimentarse.

Muchos estudiosos de este fenómeno coinciden que el proceso de comunicación es la transmisión de un mensaje sucesivamente modificado y después decodificado.

Es importante señalar también, la influencia que tuvieron los aportes de Whorf en el origen y el desarrollo de la Programación Neurolingüística. El sostiene que el pensamiento, la estructura de la conciencia y la conducta están determinados por los atributos de la lengua que hablan las personas. Ello hace que las culturas posean una especie de código secreto y complejo.

Cada cultura tiene su forma particular de abordar el mundo. Gracias a estos conceptos, la Programación Neurolingüística elaboró una especie de cartografía, para que las personas aprendan a identificar más rápida y eficientemente sus modelos y de ser necesario cambiarlos por otros más beneficiosos que le permitan vivir mejor.

Postulados Básicos de la Programación Neurolingüistica.

Carrión (1996) basa los postulados básicos de la Programación Neurolingüística en presuposiciones, las cuales son los soportes que establecen como se percibe la conducta, la toma de información y el esfuerzo personal.

Estas presuposiciones constituyen modelos que permite practicar la PNL como arte y como ciencia aplicada, su comprensión y su interacción con el universo en el que vivimos para que una persona provoque cambios rápidos y positivos en otros individuos y en si mismo dependerá de la forma como integre las siguientes premisas en su conducta:

(a) El mapa no es el territorio: el individuo opera a partir de sus interpretaciones codificadas del entorno, tal como se recibe y experimenta a través de sus sistemas y representaciones sensoriales. A la representación del mundo, de la realidad (territorio), de cada persona en particular, se denomina mapa. La Programación Neurolingüística es la ciencia del cambio de estos mapas, no de la realidad misma.

(b) No hay sustituto para los canales sensoriales abiertos y limpios: en la comunicación se debe maximizar la capacidad de "escucha activo" y evitar dispersiones o interpretaciones durante el contacto con otras personas. Es preciso afinar y armonizar el sistema receptor, los sentidos, a fin de sintonizar ampliamente toda la gama de mensajes que se derivan de la interacción humana, saber predisponerse a captar los pormenores en cada encuentro, centrados en el aquí y ahora de la comunicación, del contacto.
Los filtros que impiden la percepción objetiva y que distorsionan la realidad están relacionados con condicionamientos internos y externos, culturales, sociales, familiares, educativos, disfunciones físicas y psíquicas.

(c) El resultado de la comunicación es la respuesta obtenida, esto revela que independientemente de la intención que se busque al comunicarse, la respuesta lograda en el interlocutor, es lo que tiene que ser tomado en cuenta y valorado, para insistir o corregir la forma del mensaje. El fin es saber cuál es el objetivo que se quiere alcanzar, el por qué y para qué de la actuación, ser congruentes para alcanzar los resultados deseados y estar alerta para producir cambios en la forma de actuar. La resistencia es una respuesta provocada por la inflexibilidad del comunicador. Si lo que se comunica no alcanza el objetivo deseado, se debe cambiar el comportamiento, ensayar nuevas conductas o estructurar diferentemente el orden, secuencia o estructura del mensaje,

(d) Las personas tienen todos los recursos necesarios para realizar los cambios deseados: los recursos pueden aprenderse y modelarse. La Programación Neurolingüística ofrece nuevas técnicas para contactar y movilizar los recursos internos de cada persona, incrementarlos y modelar los de otros. Todos los seres humanos poseen todos los recursos o capacidades para actuar eficazmente.

(e) Detrás de cada conducta hay una intención positiva, lo cual permite reencuadrar situaciones de apariencia nociva. Ninguna conducta o comportamiento es significativo fuera del contexto en la cual se lleva a efecto, así como la respuesta que produce, puede servir como recurso o como limitación dependiendo de la integración o ajuste al sistema.

Las personas recurren a las mejores opciones dadas sus posibilidades y capacidades partiendo de su modelo del mundo.

(f) La variedad de recursos es necesaria: el elemento que controle el sistema, cuanta más capacidad tenga la persona en todos los aspectos de la comunicación más fácilmente podrá obtener los resultados deseados. Hay que ser más creativo, flexible y tener mayor adaptabilidad ante diversas situaciones, la Programación Neurolingüística busca en cada caso, herramientas para incrementarlas.

(g) No hay errores en la comunicación, sólo resultados: en la Programación Neurolingüística no existen los fracasos, cada resultado enriquece la experiencia, si algo no funciona hay que probar con otras conductas, variar el comportamiento hasta lograr la respuesta deseada

(h) El sistema representacional se realiza de manera adecuada a través de los sistemas perceptivos, visual, auditivos, kinestésicos y gustativo / olfativo: las personas actúan ante las situaciones que confrontan haciendo de sus recursos visuales, auditivos, kinestésicos y otros, denotando a veces predominio en alguno de ellos. Lo ideal sería resolver las situaciones haciendo uso de los sistemas perceptuales que más se adecuen al contexto

(i) Mientras se produzcan cambios en el valor y la adecuación de la conducta de una persona o de otras, en forma positiva, mejoran las acciones, de lo contrario se irán progresivamente deteriorando los actos, disminuyendo la eficacia y la utilidad de lo que se desarrolla

(j) El contacto (Rapport) es el encuentro con un individuo y con su modelo del mundo, este es una de las claves fundamentales de la Programación Neurolingüística, es la penetración y adaptación del modelo de cada persona, al modelo de otra(s), establece un acoplamiento físico y psicológico que dirige a la otra persona hacia el estado deseado.

Estrategias Comunicacionales de la Programación Neurolingüística.

Los modelos, paradigmas, patrones o mapas sirven para codificar, condensar y clasificar la experiencia de manera que las personas tengan una vía para comparar y reclasificar las nuevas experiencias aumentando su repertorio.

Se han identificado tres mecanismos principales de modelaje en el ser humano, que han sido llamados metamodelos, universales del lenguaje. Ellos son : a) Generalización, b) Eliminación y c) Distorsión, y de ellos dependen otros submecanismos.

La Generalización: es el proceso mediante el cual una experiencia específica sirve para representar una clase entera de experiencias, es decir, criterios de un elemento aislado para extraer una norma que se hace valida en todas las otras situaciones.

La Eliminación: es el proceso mediante el cual prestamos atención a unas cosas y no a otras.

La Distorsión: es el proceso mediante el cual modificamos la experiencia de los datos que percibimos.

Estos metamodelos son los paradigmas que identifican pautas, patrones del lenguaje y conforman las creencias.

Carrión (1996) afirma que con el lenguaje no nos comunicamos con los demás sino con nosotros mismos. Así pues, las estrategias que utilizamos para realizar los comportamientos muchas veces surgirán natural y espontáneamente durante una conversación, charla o discurso. A partir de aquí la Programación Neurolingüística ha creado un modelo lingüístico útil y esclarecedor para sacar a la luz esa estructura profunda que es la que funciona. A este modelo es lo que se le llama metalenguaje, el cual tiene su origen en la gramática transformacional de Chomsky, quién desarrolló un modelo formal en el que se describen las pautas de configuración normal de la comunicación verbal del modelo de experiencias. Posteriormente Bandler y Grinder aportaron un nuevo modelo.

La escuela contemporánea de Chomsky propone una relación entre lo hablado y lo escrito por un individuo y algunas representaciones lingüísticas más internas, la producción de una frase. Identifica una estructura superficial y una estructura profunda. La primera es la secuencia escrita de símbolos y frases y la segunda es la representación lingüística completa de la experiencia de una persona, es considerada como el pensamiento real que hay detrás de la frase.

Los gramáticos transformativos dicen que la estructura superficial y la estructura profunda están relacionadas mediante los conceptos de generalización, eliminación y distorsión que ya fueron descritos anteriormente.

El Metalenguaje aporta un conjunto de técnicas interrogativas, basadas en la comunicación verbal del interlocutor, logrando con la más rápida y mejor comprensión del mensaje, claves verbales con las que iniciarse cambios, transformaciones, motivaciones, capacidad y estrategias verbales para acceder a la estructura profunda del individuo a fin de identificar y eliminar la raíz de los problemas.

Se considera que la palabra no es la cosa nombrada sino que se trata de una representación, un conjunto de sonidos, signos y símbolos con los que codificamos la experiencia interna. Lo primero que hay que tener presente en la Programación Neurolingüística sobre el lenguaje es que las palabras y/o frases sólo tienen significado, en la medida en que activan una o varias de nuestras modalidades del sistema representacional.

Según Cudicio (1993) el Metamodelo para el lenguaje sirve para conseguir en la entrevista informaciones muy precisas, necesarias para determinar con exactitud el objetivo del interlocutor.

Cuando se parte del principio de que los otros piensan como nosotros y que comprenden a la vez lo que decimos y no decimos, se originan grandes decepciones cuando descubrimos que no somos comprendidos como lo imaginábamos.

La Metáfora es considerada también como una estrategia comunicacional que sirve para que el individuo aporte una comprensión más profunda y clara de las ideas. Es una herramienta muy útil para el alumno y para el docente. Según Williams (1986) el pensamiento metafórico es la capacidad para establecer conexiones entre dos cosas diferentes reconociendo que en cierto modo comparten un rasgo común o ejemplifican un principio común.

Puede utilizarse como parte del repertorio de habilidades mentales de los alumnos. La metáfora es probablemente la más poderosa de las técnicas del hemisferio derecho, porque explicita el proceso mediante el cual se produce al aprendizaje.

La enseñanza metafórica es también más eficiente porque reconoce que la nueva información no debe ser enseñada a partir de cero, y utiliza lo que los alumnos ya saben. La modalidad metafórica es holística, se centra constantemente en los procesos de reconocer y comprender pautas y principios generales que confieren un significado a hechos específicos. Aprender adquiere un sentido de integración cuando el análisis se realiza estableciendo relaciones.

Cuando se anima al estudiante a proponer sus propias metáforas, se les invita a aportar al aula su experiencia. Las técnicas tradicionales suelen ignorar la experiencia de los alumnos y les presentan la información como si éstos fueran libros en blanco, aprenden que la vida y la escuela están separados y que todo su aprendizaje fuera de la escuela, es inútil en el aula.

Utilizar la metáfora facilita el impartir la instrucción porque aporta un contexto para hacer preguntas, se pueden aplicar en la presentación, clasificación, revisión y verificación de las materias y para estimular la escritura.

El problema de encontrar la metáfora acertada para cada alumno queda fácilmente solucionado cuando se permite a los alumnos sugerir sus metáforas basándose en su propia experiencia. Cuando más cerca está la analogía, menor es la posibilidad de confusión. Es esencial pedir similitudes y discrepancias cuando un alumno ofrece una analogía, porque nunca es exactamente como la cosa con la que se está comparando. El docente debe estimular a sus alumnos para que estos las produzcan, a través de la formulación de preguntas. Además puede ayudar a descubrir que algunos alumnos que parecen torpes son mucho más brillantes de lo que creemos. La experiencia de ser escuchado alienta a correr el riesgo de expresar ideas con más frecuencia. Aristóteles comenta que la metáfora es cosa que no puede aprenderse a partir de los demás. Es la "marca del genio".

En conclusión se afirma que la metáfora puede convertirse en parte integral del proceso de aprendizaje en cualquier temática y a cualquier nivel. La capacidad para jugar con ideas y conceptos es básica para la resolución de problemas y la creatividad.

McDermott y O'Connor (ob. Cit.) consideran que la metáfora encierra más que una simple descripción, es como un icono de ordenador, que cobra vida cuando uno hace clic sobre él y proporciona una gran dosis de significado. Las metáforas no son buenas ni malas, pero tienen consecuencias.

El Anclaje es una estrategia comunicacional que obedece a estímulos sensoriales que desencadenan automáticamente una serie de comportamientos y estados internos. Según Longin (1997) todo organismo biológico al ser estimulado responde de manera refleja, por orden del cerebro primitivo. El estímulo puede ser visual, auditivo, kinestésico, olfativo o gustativo. La conexión estímulo-anclaje es muy explotada en la creación de anuncios publicitarios. Gracias a los anclajes, es posible conectarse con el estado emocional interno deseado.

Williams (ob. Cit.) considera que los sentidos son los medios por los que obtenemos información, ellos nos dicen lo que sabemos acerca del mundo que nos rodea y constituyen las bases para el desarrollo del pensamiento abstracto. El sistema sensorial no solo incluye los sentidos de la vista, el oído, el tacto, el olfato y el gusto, sino también los sentidos propioceptivos, es decir, los sistemas kinestésicos, vestibular y visceral, que controlan las sensaciones internas. El sistema vestibular, situado en el oído interno, registra la posición, el movimiento, la dirección y la velocidad del cuerpo, y también desempeña un papel importante en la interpretación de estímulos visuales. El sistema kinestésico está localizado en los músculos, las articulaciones y los tendones, y nos proporciona información sobre el movimiento del cuerpo. El sistema visceral aporta las sensaciones de los órganos internos.

Los sentidos auditivos, visual y táctil-kinestésico constituyen las principales modalidades del aprendizaje, los caminos principales a través de los cuales se absorbe información. Habilidades como la lectura y la escritura exigen una compleja coordinación de los sistemas sensorial y motor.

El aprendizaje kinestésico y el táctil están a veces vinculados entre sí, aunque en realidad implican diferentes sistemas. El sistema kinestésico registra el movimiento. El gesto no solo contribuye a la comunicación, sino que además facilita el pensamiento y la expresión. Para algunos estudiantes la información es asimilada con mayor facilidad a través del movimiento, tocando las cosas, desplazarlas y moverse ellos a su alrededor. El carácter concreto de la experiencia kinestésica puede ayudarles si tienen dificultades con la abstracción. El pensamiento exteriorizado presenta varias ventajas respecto al pensamiento interiorizado. La implicación sensorial directa con los materiales aporta una nutrición al pensamiento. Pensar, manipulando una estructura real permite descubrir. Pensar en el contexto directo de vista, tacto y movimiento engendra una sensación de inmediatez, realidad y acción. Los juegos de movimiento permiten enseñar variedad de conceptos, crear estrategias para resolver problemas y poner en práctica habilidades motrices. El movimiento facilita la base para la construcción del vocabulario, estimulando la creatividad tanto en la modalidad kinestésica como en la verbal, mejorando las técnicas de redacción y contribuyendo al desarrollo motor. Parte del conocimiento adquirido permite aprender a actuar sin tensiones indebidas, reduciendo la fatiga y eliminando los bloqueos contra el movimiento.

El olor y el gusto estimulan la memoria y permiten asociar experiencias y emociones. Los docentes pueden crear un conocimiento sensorial y un vocabulario mediante experiencias que estimulen los sentidos. Las experiencias nos llegan a través de los sentidos. La intensidad con que se recuerda una escena depende de la calidad de la atención que se le dedicó en su momento.

En la Programación Neurolingüística existe un proceso a través del cual el individuo puede crear en su mente imágenes, que le permiten experimentar situaciones que puede llegar a vivir. Sobre esto Soriano (1997) señala que cuando una persona representa mentalmente una experiencia futura de fracaso, es probable que lo consiga, mientras que se imagina lo que desea y se lo representa como si ya lo hubiera conseguido, se situará en un estado que lo ayudará a obtenerlo.

En otras palabras, crear imágenes mentales puede contribuir al logro de transformaciones, porque permite ubicar al individuo en situaciones de éxito, bienestar y felicidad. Las visualizaciones pueden ser utilizadas cuando se van a aplicar las estrategias de anclaje y reencuadre, las cuales ayudan al individuo a reconsiderar experiencias vividas para obtener enseñanzas, al respecto Noelle Philippe, citado por Longín (1997) señala que la visualización nos hace posible vencer las barreras psicológicas que nos impiden llevar a cabo la mayor parte de las acciones.

Cuando el docente en su rol orientador necesita establecer una relación de confianza con sus alumnos, debe tratar de crear un ambiente donde este se sienta a gusto, para la cual el docente observará no sólo el lenguaje verbal de sus alumnos, sino también su lenguaje corporal o no verbal, esto le permitirá saber y conocer más acerca del modelo del mundo del alumno. En referencia a lo antes expuesto se cita a Dilts (1998), quien plantea que el contenido de un mensaje viene acompañado de meta mensajes de nivel superior que acentúan el mensaje principal o proporcionan pistas sobre como debe ser interpretado.

El Reencuadre es una de las técnicas más antiguas de la PNL, que puede aplicarse en seis pasos, tal como lo establece el contacto con la parte responsable del comportamiento, distinguir el comportamiento a cambiar, establecer el contacto con la parte responsable del comportamiento, distinguir el comportamiento problemático de la intención positiva subyacente y comprobar la adhesión del sujeto, crear alternativas para satisfacer la intención positiva, aplicar nuevas soluciones y comprobar su ecología, (asegurar que esas nuevas soluciones han sido bien aceptadas).

La ventaja del reencuadre en seis pasos es que siempre hay un medio para tratar las dificultades que surjan durante su desarrollo. Los obstáculos más comunes que se presentan es que la persona rechaza considerar que esa parte pueda tener una intención positiva. Para ello hay que cambiar el vocabulario, explicar de otra manera. En otros sujetos la creatividad permanece inerte y hay que comprobar que el sujeto es consciente de tener una parte creativa, en todo caso se puede inventar una parte creativa anclando varias experiencias de creatividad imaginarias a las que la persona se asocia. A veces es recomendable complementar el reencuadre con otras técnicas que tienen como finalidad aumentar el deseo de cambio, relacionando la modificación del comportamiento anhelado con los valores del sujeto, o ubicándola en un marco de vida más amplio.

Una técnica más reciente que el reencuadre es el Squash (integración o mezcla), visual o auditivo. Su finalidad es reestablecer la armonía, llevando a las partes a cooperar a partir del descubrimiento de su(s) valor(es), o incluso a fundirse en una sola parte que persigue una meta común. Esta reunificación interna permite a la persona, mayor flexibilidad y estará en armonía consigo misma. La aplicación de esta técnica condiciona el saber interrogar a la persona para que esta pueda tener acceso a sus criterios y a sus valores.

Un criterio es una referencia que sirve para medir y evaluar las situaciones, personas o cosas, algunos criterios son más importantes que otros en cada persona. Las personas se rigen por valores que le son propios y que les convienen. Un criterio que revista una gran importancia para nosotros es un valor: la libertad, la justicia, el amor son valores.

De acuerdo con Ramos (2002), los valores son relativos y cambiantes. Los valores que son en sí intrínsecos, se hacen instrumentales a través de la educación y así pasan a ser extrínsecos y socialmente valorables. Ésta autora cita a Montaigne: es valor todo lo que favorece la plena realización del hombre como persona. La educación ha de desplegar las mejores posibilidades del educando en orden a su plenitud personal y a la mejor integración, que no es sólo adaptación sino superación del ambiente natural, social y cultural o enfrentar antivalores como la ignorancia, la violencia y la corrupción, que atentan contra la dignidad personal, psicológica, social o psicobiológica.

Saint Paúl y Tenenbaum (ob cit) consideran que el Squash es una intervención mayor, que actúa al nivel de los objetivos de la persona en cuestión y que permite una reestructuración de su experiencia interna. Esta técnica requiere para su aplicación los siguientes pasos: identificar el conflicto y las partes implicadas (identificar objetivos y valores de las partes), personificar las partes (darles un nombre y/o símbolos), pedir a la persona que acoja la sensación de presencia de la parte y hacer una representación de cada una de ellas, distinguir la función positiva del comportamiento y ascender en la jerarquía de los objetivos y los valores de cada una de las partes hasta encontrar al objetivo común, hacer una relación de las cualidades y recursos de ambas partes, resolver el conflicto (conseguir un acuerdo según el cual las partes trabajarán juntas para alcanzar su objetivo común) y proceder a la integración (preguntar a las partes si desean fundirse a una parte nueva o si quieren conservar su autonomía y trabajar en estrecha colaboración).

Esta técnica es una intervención generativa, que tendrá repercusiones mucho mayores que el cuadro de resolución de la situación de partida. Hay que dar a la persona un tiempo prudente para que la operación se desarrolle perfectamente y para que los cambios que implica puedan integrarse.

Todas las estrategias son apropiadas y efectivas siempre y cuando se utilicen en una circunstancia que lo amerite. Antes de emprender cualquier acción, es necesario saber cuáles son las características de una buena estrategia. Lo importante es que alcancen el objetivo en un mínimo de etapas, en un tiempo mínimo y con una motivación positiva. Una estrategia es buena en sí, sólo desde la óptica de un resultado concreto para una persona determinada.

Una estrategia puede modificarse según la situación que se presente, se pueden suprimir etapas, añadir otras o invertir su orden. Otra posibilidad es la de cambiar completamente estrategias y se pueden aplicar estrategias que en otros contextos fueron exitosas. Para la PNL una estrategia mental se compone de:

a) La expresión de las maneras de pensar: visual auditiva o kinestésica
b) Las cualidades de las imágenes, sonidos o sensaciones internas (submodalidades)
c) La secuencia u orden de aparición de la expresión de los pensamientos.

Aplicación de la Programación Neurolingüística en la Educación.

Uno de propósitos fundamentales que se planteó la Programación Neurolingüística desde sus inicios fue el mejoramiento de la calidad del aprendizaje. De allí que es posible aprender con placer y con más eficacia cuando aprendemos a programarnos positivamente para el éxito, anclando la mayoría de los recursos posibles para lograr los máximos beneficios.

Uno de los aspectos importantes que aporta la Programación Neurolingüística es: señalar cuales son las etapas del aprendizaje

1 La incompetencia Inconsciente equivale a la ignorancia total: No sabemos que no sabemos.
2 La incompetencia Consciente: se toma conciencia de la ignorancia, por lo tanto sabemos algo: no sabemos, ello nos permite comenzar a aprender.
3 La competencia Consciente ocurre cuando se aprende y todavía no somos expertos, somos aprendices, ya vamos en camino a la sabiduría.
4 La competencia Inconsciente: la sabiduría, las cosas brotan de manera fluida y pueden considerarse como expertos.

La Programación Neurolingüística ayuda a los docentes a eliminar viejos modelos frustrantes, basados en generalizaciones erróneas que generaban alumnos llenos de miedo, de trabas, de bloqueos y limitaciones. Los modelos empobrecidos de la actuación docente y su relación con la enseñanza, producían dificultades del aprendizaje por parte de los alumnos.

El superaprendizaje emplea la técnica del reencuadre cuando hace que los alumnos cambien de nombre al entrar a una nueva clase. Analógicamente, esos nuevos alumnos no tienen ninguno de los problemas que tienen los viejos alumnos, el cambio simbólico de nombre es capaz de realizar semejante magia.

Según algunos investigadores el uso del lenguaje como magia para obtener resultados positivos en la educación, puede ser más que suficiente para mejorar significativamente el rendimiento académico, si le agregamos la utilización del modelo del Cerebro Triuno aplicado a la enseñanza, se está hablando de una teoría del aprendizaje que ha penetrado en los círculos científicos más exigentes.

La Programación Neurolingüística es el modelo del cambio y de la excelencia personal, con el se puede invitar a los estudiantes a trascender los prejuicios relacionados con las dificultades que probablemente encuentran en las materias y se les puede ayudar a que por sí mismos, aprendan a resolver sus problemas, cambiando el mapa mental empobrecido, por uno más amplio y rico.

Se está reconociendo de nuevo el valor de la metáfora, la importancia del pensamiento mágico en el desarrollo personal, el poder de los sentimientos y la utilización de la emoción en la situación de aprendizaje. Las competencias inconscientes se logran mediante la repetición consciente de los contenidos programáticos.

El ser humano ha comenzado a ejercer todos los derechos que le da el tener un supercerebro y el poder procesar la información a velocidades sorprendentes porque cuenta con estrategias novedosas, que le han hecho lograr la máxima eficacia con el mínimo esfuerzo.

Las aplicaciones de la Programación Neurolingüística a la educación abarcan un variado abanico de posibilidades desde ejercicios para disléxicos y personas con dificultades de aprendizaje, trabaja también con el miedo escénico, la ortografía, trastornos de atención y en especial, ha comenzado a enseñar a docentes, técnicas efectivas para lograr cambios rápidos en el rendimiento y la motivación de los alumnos.

La Programación Neurolingüística ha reencuadrado el proceso de aprendizaje, haciendo que el docente vuelva a mirar desde la perspectiva del alumno, ha enseñado que no solo el alumno es quien tiene problemas de aprendizaje, algunas veces el docente puede tener problemas de enseñanza, al no interesarse o comprender como aprenden mejor sus alumnos.

Los docentes están considerando alternativas creativas para la resolución de los problemas cotidianos del salón de clase y están comenzando a conversar, con todo el cerebro, con sus alumnos.

Saint Paúl y Tenenbaum (ob cit) consideran que el ámbito flexible y creativo en el uso de las estrategias, es lo más útil es el aprendizaje. Afirman que la mayoría de los docentes, padres y educadores no están formados en estos métodos, los ignoran y continúan enseñando como ellos aprendieron.

La creatividad es una de las capacidades del ser humano que merece un especial lugar. Sin embargo el proceso que permite a una persona ser creativa se conoce muy poco.

Para Thomas Edison, citado por estos últimos autores, el proceso de creación es de un 1% de inspiración y un 99% de transpiración. Es decir, la creatividad no es un don, sino un proceso estructurado que exige organización y trabajo constante. Con las herramientas de la PNL, es posible extraer y codificar las informaciones pertinentes a la creatividad y transmitirlas de manera sistemática a quien quiera adquirirlas.

La creatividad abarca tres etapas fundamentales: el sueño (el soñador es imaginativo, global y despreocupado que produce ideas de su futura realización), la realización (ser lógico, realista, pragmático y concreto al elaborar sus planes) y la crítica (el plan tiene que pasar por un tamiz de la crítica, para saber lo que falta o sobra). En conclusión, la estrategia creativa tiene para los sujetos, importancia para el desarrollo y la realización de proyectos. En estos momentos Venezuela necesita de un potencial creativo, que contribuya a construir un modelo propio de desarrollo, que redunde en beneficios tanto para el avance científico como tecnológico

Los neurolingüistas han asumido una serie de principios derivados de la teoría de la comunicación para conformar la estructura de la excelencia humana. Consideran que para lograr una buena comunicación es necesario ser flexible, respetar al ser humano, saber que no somos dueños de la verdad, no juzgar, no comparar, ni menospreciar, buscar nuevos caminos de comunicación, compartir experiencias, saber rectificar, aprender de las equivocaciones, entre otros.

Las neuronas que forman parte del sistema nervioso humano se comunican entre sí para generar información, tanto como experiencias internas como externas. El hombre no percibe la realidad sino un modelo de ella, según el paradigma o patrón seguido, todas las vivencias, experiencias y sucesos lo llevan a elaborar un mapa del mundo. Además los modos de percibir y las capacidades sensoriales de cada persona son diferentes, por eso se dice que existen tanto modelos como personas en el mundo.

La Programación Neurolingüística ha basado su sistema en un modelo comunicacional que permite descifrar los lenguajes provenientes de las diferentes zonas del cerebro e integrarlos en un proceso global que ayude a ampliar los paradigmas, cambiar las estrategias, a desbloquear las energías por causa de pasados traumas, y en general a agudizar la capacidad perceptiva, enriqueciendo los modelos del mundo de las personas. También ha creado estrategias para que distintos cerebros establezcan una vía expedita de comunicación y las personas potencien sus capacidades, generando estados de sincronización entre pensamientos, sentimientos y acción.

Según la Programación Neurolingüística el hombre es capaz de cambiar los programas mentales, reprogramarlos y procesar la información de manera más eficiente. Lo único que hay que hacer es proporcionarle al cerebro la información de una manera precisa, sistemática y coherente.

Investigaciones realizadas han revelado que los procedimientos que permiten a las computadoras funcionar, son también eficaces para facilitar al ser humano un mejor uso de su cerebro, siguiendo los diferentes pasos lógicos que se han de seguir en una estrategia para llegar a una ejecución exitosa. Expertos en PNL han proporcionado modelos de programas, para que las personas los procesen al tomar decisiones, resolver, aprender y transformar sus acciones.

Los expertos en PNL utilizan el modelo de cómo aprendemos de Kesai, Saga y Miller, (citado por O´ Connor y Seymour,1996), donde las personas son clasificadas en tres categorías: Algunas personas aprenden oyendo primero los conceptos y la teoría, a otros les gusta comprender primero la estructura, como encajan o funcionan las cosas y un tercer grupo prefiere conocer primero para que sirve el material, su uso o aplicaciones prácticas; la secuencia varia según las personas, por lo cual el docente debe estar atento para enseñar, de acuerdo a las estrategias preferentes.

La Programación Neurolingüística nos enseña a retomar los factores claves de cada programa agregándole al estilo personal de cada quien, por cuanto cada cerebro tiene una forma particular de procesar. Entonces concluyen que ser exitoso es algo que se aprende.

La Educación Universitaria

Este nivel es el cuarto del sistema educativo venezolano con una duración, en líneas generales de cinco años. La carrera de medicina se culmina en seis. Tiene fundamentalmente dos etapas: la básica, los tres primeros años y la clínica, los últimos tres. Su finalidad es la formación integral y de calidad, dentro de la perspectiva de la equidad, mediante una escuela transformadora que propicia la formación de un ser humano para la convivencia, la paz y la tolerancia social, orientado a mejorar su calidad de vida individual y colectiva.

La Educación universitaria requiere redefinir el perfil del alumno, concebido a partir de una visión holística del ser humano. Esta visión permite consolidar el derecho de todos a acceder, permanecer y egresar del mencionado nivel con una formación integral. Este nivel deberá garantizar al estudiante el ejercicio de una ciudadanía activa, lo que amerita la apropiación del conocimiento que le brindan las áreas científicas, artísticas, culturales y deportivas, su formación humanística a partir de la valoración de su dignidad y su condición humana y su concientización como sujeto activo de su propio desarrollo y de su seguridad social. De tal manera, este nivel aspira a un individuo conocedor y practicante de sus deberes y derechos en los diferentes contextos: familia, localidad, escuela, comunidad, país, capaz de convivir de manera democrática y en paz social, con herramientas en planificación y en la toma de decisiones, de forma que redunde en su bienestar individual y colectivo y en su sentido autocrítico para enfrentar los procesos de cambio que le ayuden a monitorear sus avances, logros y debilidades.

En tal sentido la concepción de éste perfil propuesto requiere de un contexto social que permita la valoración de la salud individual y colectiva, a través de los principios de la salud integral; que estimule la participación activa del docente y estudiante, en una solidaria promoción y defensa del medio ambiente y el equilibrio ecológico; que le permita expresar su capacidad creativa, innovadora y productiva, afianzando su identidad local, regional y nacional.

Desde la perspectiva de la redefinición del perfil del ciudadano(a) que se desea formar, es necesario concebir al docente responsable de su formación. Al docente y por ende a las escuelas formadoras de docentes, les corresponde la concepción y práctica de una pedagogía basada en valores éticos, personales y sociales que conciba el trato humano desde los principios de justicia, equidad e igualdad, de manera de garantizar en el aula, comunicaciones y relaciones de calidad y que pueda verse a sí mismo como un sujeto activo de cambios cotidianos, a la vez creativo, innovador y productivo. Visto así, este docente será capaz de valorar individualidades y ser equitativo en el derecho al disfrute de las oportunidades. Con esta filosofía de vida le será fácil demostrar su vocación de servicio y su espíritu cooperativo y corresponsable de los diversos procesos educativos.

El docente deberá tener convicción en su posibilidad de facilitar el aprendizaje, para lo que requiere de una definida confianza en la capacidad del ser humano para aprender y para procesar sus conocimientos, en atención a mejorar su calidad de vida. En consecuencia también deberá responder a los cambios que se requieren en los ámbitos históricos sociales, económicos y culturales demostrando su compromiso con el desarrollo integral de sus alumnos, con su comunidad local, regional y con su país. De esta manera, el docente deberá contar, principalmente, con herramientas en educación para el desarrollo humano, que le permita promover el desarrollo creativo y productivo de sus alumnos.

En cuanto a su formación docente, este componente deberá aportarle conocimientos para su desarrollo gerencial y de liderazgo y una concepción integradora de su rol por la cual los principios y valores que profesa se vean modelados en acciones que evidencien el respeto, la paz, la tolerancia, la convivencia democrática, la solidaridad y todo aquello que permita la equidad y justicia social.

Para el logro de un ciudadano participativo, con tendencia al desarrollo de sus capacidades cognitivas (intelectuales, motrices, afectivas), de equilibrio personal y de integración social y en la búsqueda del desarrollo integrado de cuatro aprendizajes considerados esenciales: "aprender a Ser", "aprender a Conocer", "aprender a Hacer" y "aprender a Convivir", ésta propuesta educativa para el desarrollo de competencias comunicacionales, sustentadas en el enfoque de la Programación Neurolingüistica, intenta facilitar en el docente de Educación universitaria, factor importante y esencial como modelo para el aprendizaje de sus alumnos, la adquisición de destrezas y habilidades, que fomentando valores como la equidad, la tolerancia, la sana convivencia, el respeto a las personas, a la vida y al ambiente, permitan acercarse cada vez más a los objetivos, que ponen el énfasis en el eje de valores, como base fundamental en la construcción de aprendizajes. Se propone a tal efecto, una metodología, la PNL, que permite acelerar el aprendizaje, orientándolo mediante la adquisición de actitudes y herramientas comunicacionales efectivas y que se presenta como un enfoque que agiliza la toma de decisiones al ayudar al docente en la comprensión y la puesta en práctica de sus recursos personales inexplorados.

CAPITULO III

METODOLOGÍA

Naturaleza del Estudio

La investigación que generó esta obra, se ubico en la modalidad de Proyecto Factible, debido a que se pretendia proporcionar una alternativa de solución a un problema de tipo institucional, como es el diseño de una Propuesta Educativa para el desarrollo de Competencias Comunicacionales, sustentadas en el enfoque de la Programación Neurolingüística, a incorporar en el proceso de aprendizaje.

Por tal motivo se diseñó esta Propuesta Educativa dirigida a los docentes de una escuela de medicina de una universidad venezolana, con el fin de proporcionarles el conocimiento teórico y de aplicabilidad de la Programación Neurolingüística.

En este sentido el Manual de Trabajos de Grado de Especialización y Maestría y Tesis Doctorales (2003) de la Universidad Pedagógica Experimental Libertador de Venezuela (UPEL), señala en el numeral 14 que el Proyecto Factible consiste en "la investigación, elaboración y desarrollo de una propuesta de un modelo operativo viable para solucionar problemas, requerimientos o necesidades de organizaciones o grupos sociales; puede referirse a la formulación de políticas, programas, tecnologías, métodos o procesos".

En atención a la modalidad de Proyecto Factible las fases a desarrollarse son: diagnóstico, planteamiento y fundamentación teórica de la propuesta, procedimiento metodológico, actividades y recursos necesarios para su ejecución, análisis y conclusiones sobre su viabilidad y realización del proyecto.

Etapas del Proyecto

Etapa I. Diagnóstico

El estudio diagnóstico permitió determinar los aspectos específicos de la Programación Neurolingüística, con el fin de abordar la naturaleza de la propuesta y de esta forma desarrollar Competencias Comunicacionales en los docentes.

Para su desarrollo el investigador se dirigió directamente al contexto donde se encuentran los sujetos de estudio, que para el caso particular son 50 docentes que laboraban en una institución educativa universitaria venezolana.

La información se recopiló con la aplicación de un cuestionario que se estructuró en dos partes. La primera parte abordo los conocimientos de la teoría de la Programación Neurolingüística, y la segunda parte su aplicación en el aprendizaje.

La presentación atendió la naturaleza de la investigación base de la obra y los objetivos de la misma, delimitando la variable, dimensiones e indicadores, tal como se observa en el siguiente cuadro:

Cuadro 1
Operacionalización de la Variable

Variable	Dimensiones	Indicadores	Ítems
	Conocimiento teórico de la PNL	-4 Definición -5 Bases -6 Postulados -7 Características -8 Tipos de Estrategias Comunicacionales	1 2-3 4-5-6-7 8-9 10-11-12- 13-14-15
	Aplicación de la PNL en el aprendizaje	-9 Principios de Estrategias comunicacionales. -10 Metamodelo -11 Metalenguaje -12 Metáfora -13 Anclaje -14 Reencuadre	1-2-3-4-5 6-7-8-9 10-11 12-13 14-15-16- 17 18-19

El instrumento se aplicó haciendo uso de la Validez de Contenido a través del Procedimiento de Juicio de Expertos. Un experto en el área de Metodología de la Investigación, un experto en Programación Neurolingüística y un experto en el área de Orientación, para determinar la congruencia, claridad y tendenciosidad de los ítems, luego se procedió a su posterior aplicación.

Los resultados obtenidos se analizaron e interpretaron a través de la Estadística Descriptiva, representándose en frecuencias absolutas y frecuencias relativas porcentuales. Por medio de las conclusiones se determinó la naturaleza de la Propuesta Educativa para el desarrollo de Competencias Comunicacionales sustentadas en el enfoque de la Programación Neurolingüística dirigida a los docentes de una escuela de medicina venezolana.

Etapa II. Planteamiento y Fundamentación teórica de la propuesta.

La formulación de la propuesta educativa se basó en el estudio diagnóstico tomando en cuenta las debilidades encontradas en los docentes que laboran en la escuela de medicina, para fortalecer el proceso de aprendizaje en los alumnos.

Etapa III. Procedimiento metodológico, actividades y recursos necesarios para su ejecución.

El procedimiento metodológico empleado para medir la variable objeto de estudio fue un cuestionario dirigido a los docentes que laboraron en la institución educativa objeto de estudio.

La Validez utilizada fue la de Contenido por el Procedimiento de Juicios de Expertos, y una vez determinada la fundamentación y objetivos se operacionalizó la propuesta por medio de un conjunto de actividades. Esta etapa se estructuró mediante un Proyecto Factible para resolver un problema a fin de satisfacer necesidades en el contexto educativo.

Etapa IV. Análisis y conclusiones sobre la viabilidad y realización del proyecto.

Esta etapa está referida al estudio de la factibilidad del Proyecto, con el fin de comprobar la viabilidad de la Propuesta Educativa ofrecida en el estudio.

Con la implantación de la Propuesta Educativa se persigue el desarrollo de habilidades y destrezas en Estrategias Comunicacionales de la Programación Neurolingüística que permitan al docente de educación superior, adquirir competencias comunicacionales que pueden ser incluidas en el proceso de enseñanza- aprendizaje. Proporcionará beneficios en forma positiva para generar un proceso educativo más cónsono con los adelantos humanísticos, científicos y tecnológicos que requiere el país.

CAPITULO IV

FORMULACIÓN DEL PROYECTO

ETAPA I. DIAGNOSTICO

Objetivo General del Proyecto.

Diseñar una Propuesta Educativa para el desarrollo de Competencias Comunicacionales, sustentadas en el enfoque de la Programación Neurolingüística, dirigida a los docentes de una escuela de medicina

Propósito del Proyecto.

Diseño de una Propuesta Educativa para ser aplicada por los docentes en el proceso de enseñanza - aprendizaje, bajo el enfoque de la Programación Neurolingüística.

Caracterización del Proyecto.

El proyecto es de carácter público y nacional, en virtud de que los beneficiarios pertenecen a una institución educativa de naturaleza pública.

Los alcances materializados es resultado de un mejor aprovechamiento por parte de los actores principales del proceso de aprendizaje. Este proyecto está dirigido a la sociedad en general donde provienen los docentes y alumnos de la institución educativa que demanda los servicios de esta entidad.

Naturaleza del Proyecto.

El proyecto es de tipo Factible, dado que se trata de una Propuesta Educativa que pretende satisfacer una necesidad, evidenciada en la experiencia docente de los autores, en un grupo social en el contexto de una organización, específicamente en los docentes de una escuela de medicina, de la universidad venezolana.

Importancia del Proyecto.

Proporcionará un aporte a los docentes de las escuelas de medicina, a través de la actualización en Estrategias Comunicacionales de la Programación Neurolingüística para fortalecer el proceso enseñanza - aprendizaje mediante su aplicabilidad.

O´Connor (1995) señala que los instrumentos de aprendizaje de la Programación Neurolingüística le facultarán para crear una buena relación con los demás, descifrar y utilizar el lenguaje corporal, formular preguntas sustanciales, optimizar reuniones y actividades; lo cual redundara en fortalecer el proceso de aprendizaje del docente con notables implicaciones en su rol de enseñar.

Ubicación Sectorial.

El proyecto se centra en el Sector Educativo a nivel de Educación Superior.

Localización Física del Proyecto.

Escuela de medicina, de una universidad ubicada en el estado Aragua, Venezuela

Estudio de Campo.

Por medio del diagnóstico se obtuvo información pertinente acerca de la necesidad de este proyecto, el cual consiste en una Propuesta Educativa. Se aplicó el instrumento a los docentes de la institución educativa, los datos obtenidos fueron analizados e interpretados, indicando los datos favorables y desfavorables desde la perspectiva del objetivo del presente estudio.

La investigación se desarrolló atendiendo a los lineamientos de un Proyecto Factible, de acuerdo a lo establecido por el Manual UPEL , Venezuela(2003), donde se consideran las cuatro etapas planteadas para su realización.

Sujeto de estudio

Esta representado por 49 docentes que laboran en una escuela de Medicina de Venezuela

Descripción del Instrumento.

Corresponde a un Cuestionario de Estrategias Comunicacionales para el Aprendizaje (CECA). (Ver anexo A).

Está estructurado en dos partes, la primera corresponde al nivel de conocimiento teórico de la Programación Neurolingüística, eligiendo el entrevistado entre cuatro alternativas y la segunda parte sobre la aplicabilidad de la Programación Neurolingüística en el aprendizaje, donde se hace uso de alternativas de respuestas que van desde Siempre, Casi Siempre hasta Nunca. La primera parte consta de 15 ítems y la segunda parte de 19 ítems.

Se hizo uso de la Validez de Contenido a través del Procedimiento de Juicio de Expertos. Los expertos fueron tres: experto en Metodología de la Investigación, un experto en Programación Neurolingüistica y un experto en Orientación.

Procedimiento para la recolección de datos.

1. Selección del instrumento.
2. Diseño del instrumento.
3. Validación del instrumento por expertos. (Ver anexo B)
4. Aplicación al grupo en estudio.
5. Tabulación de los datos.
6. Análisis de los datos obtenidos.
7. Representación estadística de los resultados.

GRAFICOS Y ANALISIS DE LA INVESTIGACION

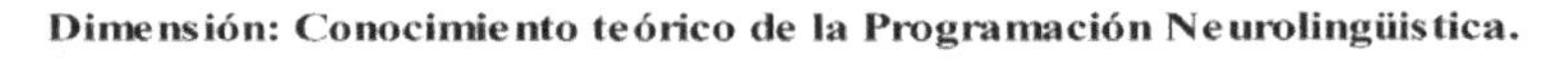

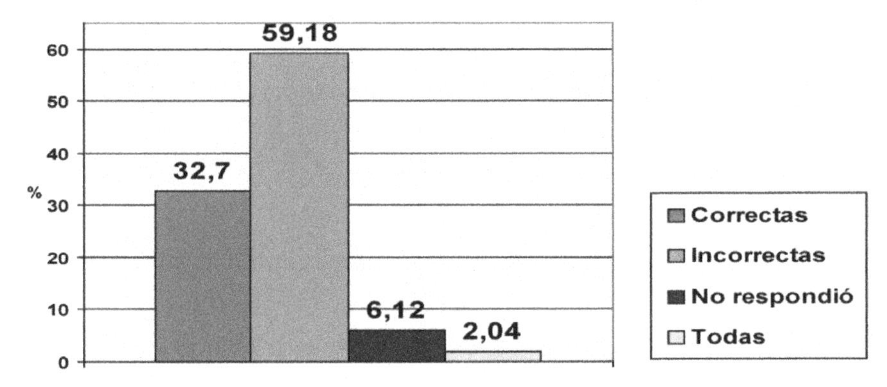

Gráfico 1. Respuestas de los docentes acerca del conocimiento sobre definición y bases de la Programación Neurolingüística. Fuente: CECA 2006

Esta dimensión se dividió en indicadores relacionados con las bases, postulados y características de la Programación Neurolingüística. Se investigó si los encuestados conocían teóricamente que la PNL basa su sistema en un modelo comunicacional que permite descifrar los lenguajes provenientes de las diferentes zonas del cerebro para integrarlo a un proceso global que ayude a ampliar los paradigmas, las estrategias, a desbloquear energías y agudizar la capacidad porcentual, un 32% de los docentes conocen teóricamente este fundamento. El 67% consideró otras opciones de respuesta: incorrectas, no respondió o marcó todas las repuestas.

Dos terceras partes de la muestra desconocen los elementos teóricos básicos de la PNL. Si se considera que los profesores entrevistados formaron parte de plantel ordinario de la escuela de Medicina, llama la atención que una estrategia tan divulgada como la PNL, sea desconocida en estos niveles en esta proporción. Resultados similares a los encontrados por Rodríguez (2002), descritos en los antecedentes.

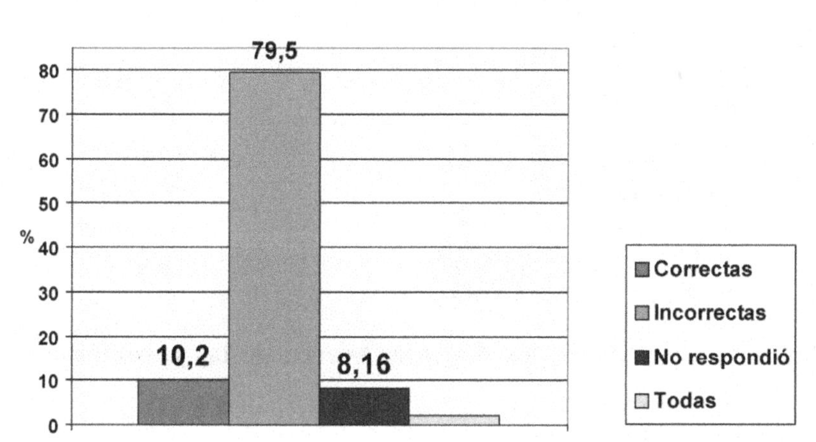

Gráfico 2. Respuesta de los docentes acerca de los postulados de la Programación Neurolingüistica.
Fuente: CECA 2006

El 79,5% de los entrevistados desconocía que para la PNL la estructura de la conciencia y la conducta del individuo está determinada por los atributos de la lengua que hablan las personas; sólo un 10,2% respondió correctamente.

Para aplicar la PNL es fundamental conocer sus conceptos fundamentales, de tan manera que con la respuesta obtenida se aprecia el alto nivel de desconocimiento; este 79,5% de docentes que desconocen los conceptos básicos del modelo motiva a los autores a diseñar una propuesta donde la teoría sea suficientemente dominada antes de ser aplicada al proceso de enseñanza-aprendizaje.

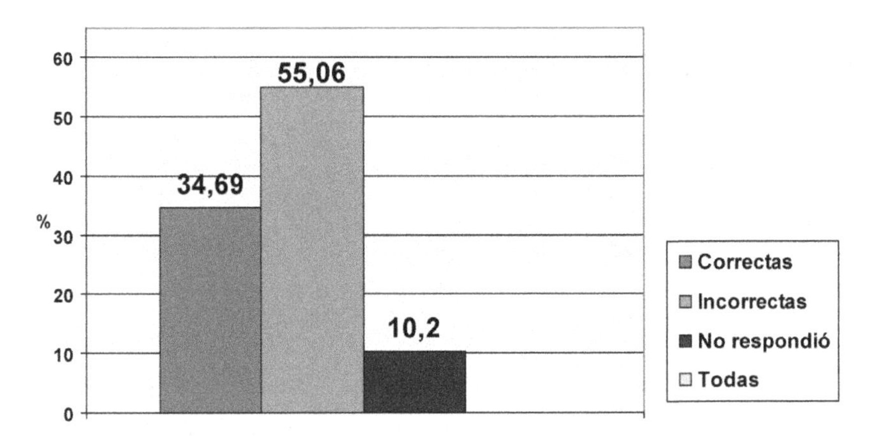

Gráfico 3. Respuesta de los docentes acerca de las características de la PNL.
Fuente: CECA 2006

Se investigó en los docentes si el sistema representacional se realiza de manera adecuada a través de los sistemas perceptuales; el 34,69% respondió a esta alternativa, considerándose la correcta ante dicho planteamiento. El 55,06% respondió en forma incorrecta, un 10,2% no respondió.

Conociendo que el sistema representacional según la PNL se realiza a través de los sistemas perceptivos o sensoriales, es notorio el desconocimiento que aparece en la muestra de un concepto básico de la teoría comunicacional propuesta; resultados similares fueron encontrados por González (2001).

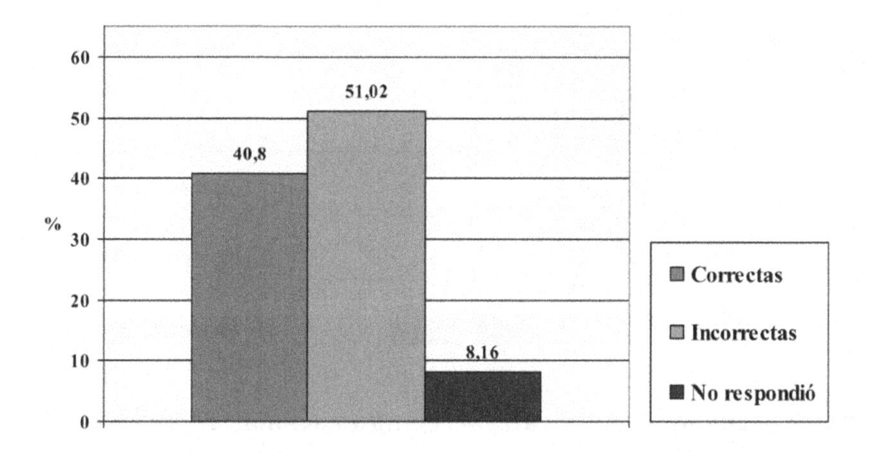

Gráfico N° 4: Respuesta de los docentes acerca del principio de estrategia comunicacional: Metamodelo
Fuente: CECA 2006

Esta dimensión ofrece las diferentes técnicas que proporciona la PNL como herramienta para ser utilizada por los docentes en el proceso de enseñanza

Se observó que un porcentaje significativo representado por el 51,02%, no utiliza el metamodelo como una herramienta de trabajo durante el proceso de enseñanza-aprendizaje. Un 8,16% no respondió.

El metamodelo es el sistema de realizar preguntas, utilizado por la PNL para encontrar la estructura profunda de la comunicación y superar las omisiones, generalizaciones y distorsiones de la estructura profunda del lenguaje. Un sesenta por ciento de los entrevistados evidencia un desconocimiento del concepto; el arte de hacer preguntas, fundamental en la tarea docente, es esencial para extraer información del educando y requiere de una adecuada capacitación.

Dimensión: Conocimiento teórico de la Programación Neurolingüistica.

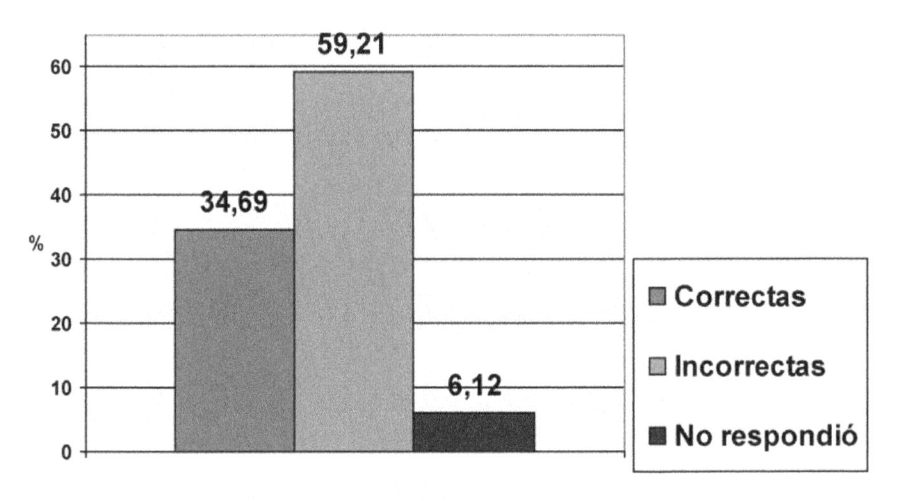

Gráfico 5. Principios de estrategias comunicacional: Metáfora
Fuente: CECA (2006)

Se evidencia que el 59,21% no aplica la metáfora como instrumento de enseñanza que facilita el aprendizaje, sólo un 34,69% lo reconoce como estrategia comunicacional.

El uso y la ventajas de la metáfora en la enseñanza ha sido utilizado en toda la historia., El bajo porcentaje encontrado en la muestra revela que es necesario rescatar su conocimiento y posterior aplicación para que el estudiante pueda establecer relaciones significativas entre los fenómenos y pueda potenciar el uso de su hemisferio cerebral derecho.

Dimensión: Conocimiento teórico de la Programación Neurolingüistica.

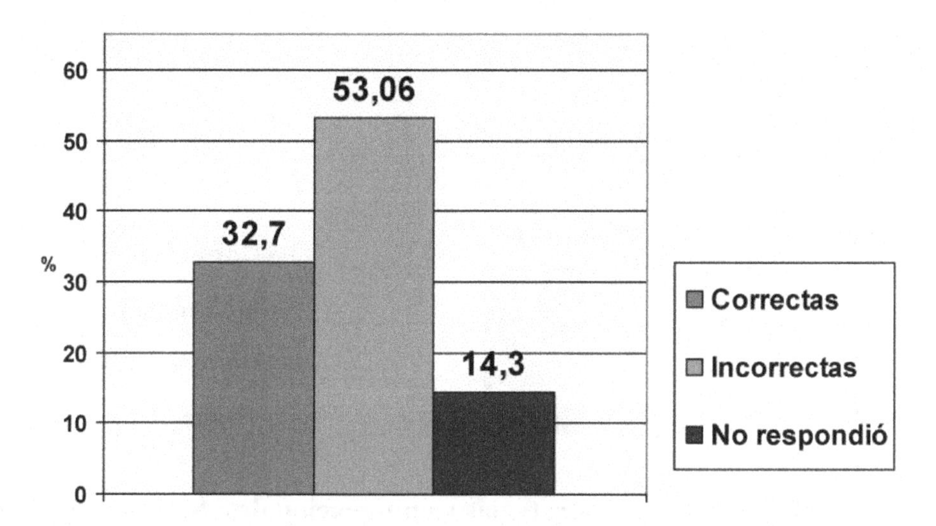

Gráfico 6. Principios de estrategia comunicacional: Anclaje.
Fuente: CECA 2006.

El 53,06% de los entrevistados desconoce la estrategia comunicacional implícita en el anclaje, lo que sumado al 14,3% que no respondió, demuestra que el desconocimiento es aun mayor.

El anclaje es una aplicación de la PNL que permite producir estados o emociones que facilitan la comunicación; es probable que los docentes lo apliquen sin conocer el significado del mismo, por otra parte, su correcta aplicación requiere de una técnica muy específica, parte de un conjunto de técnicas, que pueden ser aprendidas por el docente mediante una serie de ejercicios individuales y grupales.

Dimensión: Aplicación de la Programación Neurolingüistica.

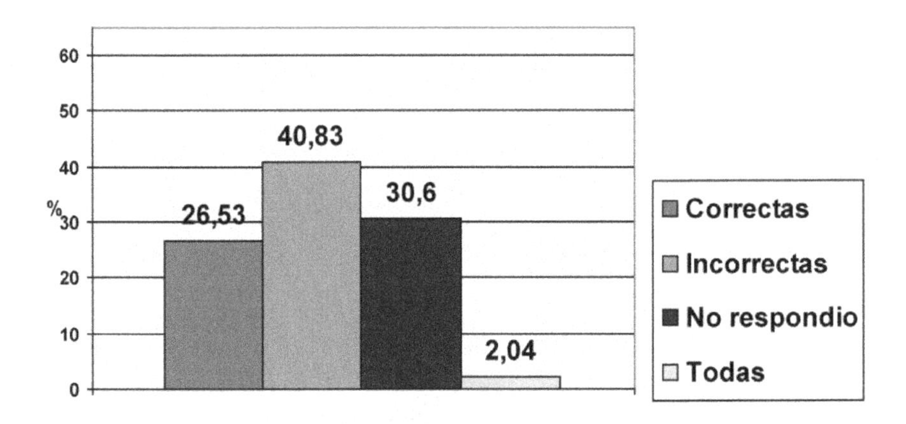

Gráfico 7. Principio de estrategias comunicacionales: Squash. Fuente: CECA, 2006

El 26,53% indica que siempre utiliza el Squash como uno de los principios comunicacionales. Más del 70% de los docentes no conocen la estrategia del Squash por lo tanto no la utilizan en la relación mantenida con sus estudiantes.

El Squash es un tipo de reencuadre que permite integrar conductas que pueden ser conflictivas en el estudiante e interferir en su aprendizaje. Los autores del trabajo consideran que su divulgación, muy utilizada en la medicina psicosomática y en las estrategias de la Gestalt; puede ser un instrumento muy útil para el futuro médico en su relación terapéutica con el paciente.

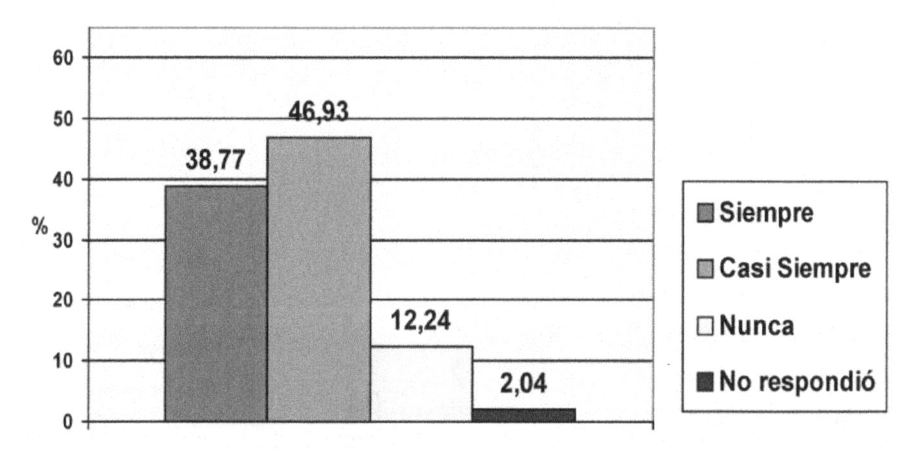

Gráfico 8. Respuesta a la pregunta No. 11: Compruebas que los gestos empleados al comunicarte con los estudiantes causan mayor impacto que las palabras.
Fuente: CECA (2006)

Se observa que el 86% responde siempre o casi siempre y 12% nunca comprueba el impacto de la comunicación no verbal.

En las respuestas se observa el interés de los docentes por darle importancia al lenguaje gestual; al constatar este hecho, se comparte uno de los postulados de la Programación Neurolingüística, esencial para establecer, entre otros aspectos, el rapport; por lo cual es importante reforzar las estrategias pedagógicas que potencian la comunicación no verbal.

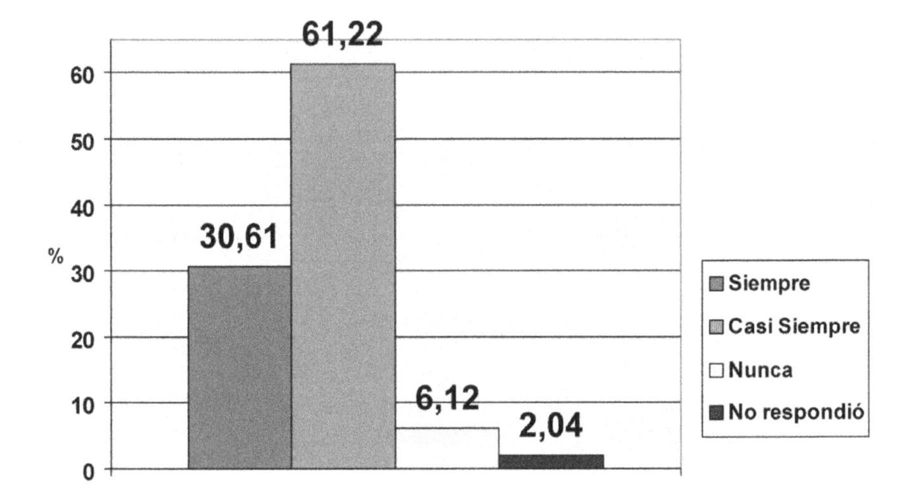

Gráfico 9. Respuesta a la pregunta No. 12: Estimulas a los estudiantes para que, sobre la base de su propia experiencia, propongan metáforas que desarrollen aprendizajes de reconocimiento y comprensión de pauta, principios generales y análisis de situaciones.
Fuente: CECA (2006)

Aparece en el primer grupo la respuesta casi siempre con 61,22%. En segundo lugar con 30,61% se encuentra la respuesta siempre. Siendo las metáforas instrumentos esenciales de desarrollo del pensamiento, de transmisión y de la construcción del conocimiento, se considera importante en los postulados de la PNL, capacitar al docente para que la aplique con mayor frecuencia a la observada en el gráfico, ya que permite que el docente aporte una comprensión más profunda y clara de las ideas.

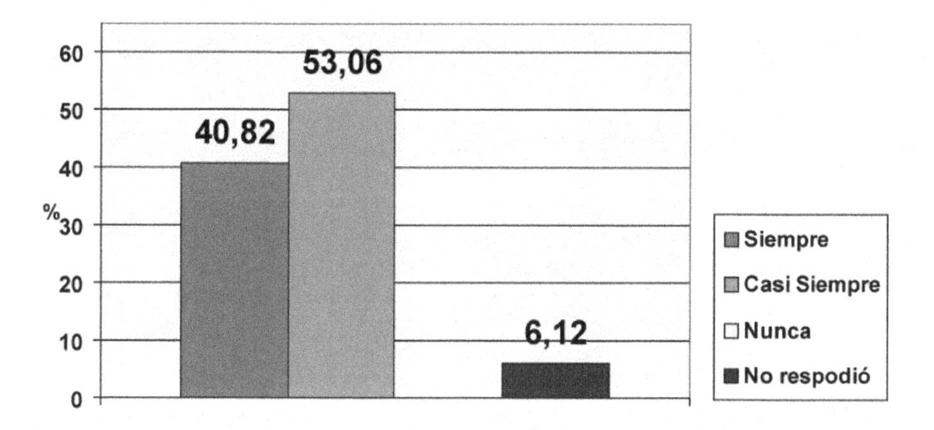

Gráfico 10. Respuesta de los docentes a la pregunta No. 13: ¿Haces uso de técnicas interrogativas basadas en la comunicación verbal del estudiante, logrando con ellas mejor rapidez y mejor comprensión del aprendizaje?
Fuente: CECA (2006)

El 94% responde siempre y casi siempre, un 6% no respondió la pregunta. El uso de técnicas interrogativas es esencial para el correcto uso del metamodelo postulado por la PNL, que extrae información del lenguaje superficial para llegar a la estructura profunda del mismo, la tendencia mayoritaria de los docentes entrevistados facilita la aplicación de esta estrategia comunicacional.

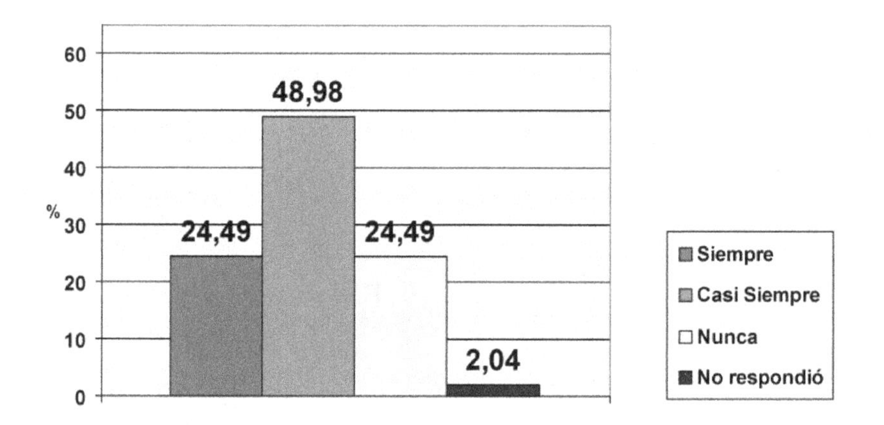

Gráfico 11. Respuesta a la pregunta No. 14: Al enseñar vocabulario, resolución de problemas y desarrollar habilidades motrices, empleas variedad de juegos de movimiento.
Fuente: CECA (2006)

Aparece en primer lugar la respuesta casi siempre con 48,97%. Con similares porcentajes 24,48%, las alternativas siempre y nunca.

El aprendizaje a través del movimiento es muy importante para los alumnos cuya canal de acceso primordial es el kinestésico para el aprendizaje de destrezas. El 24% que respondió la alternativa nunca, debe ser beneficiado con la propuesta PNL.

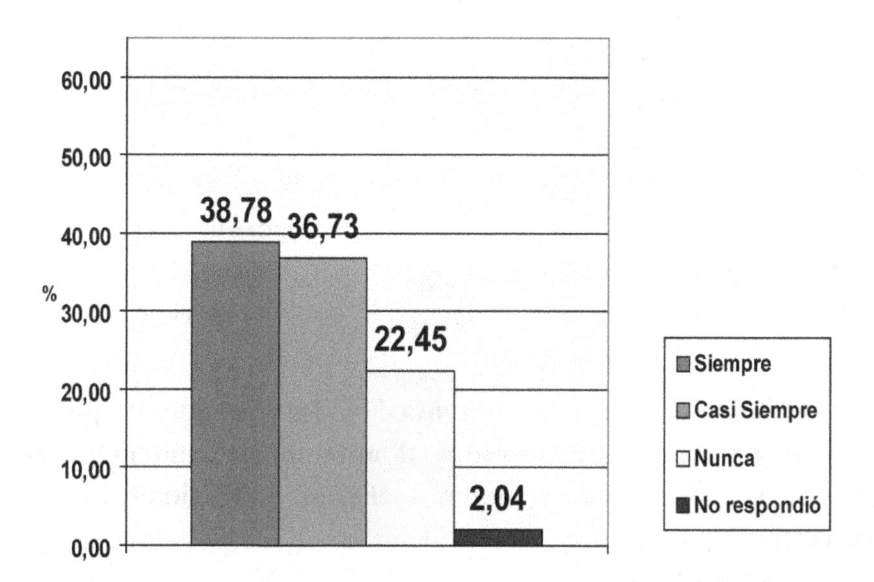

Gráfico 12 Respuesta de los docentes a la pregunta N° 15. ¿Observas que al emplear técnicas de movimientos el estudiantes actúa sin tensiones, reduce la fatiga y elimina bloqueos?.
Fuente: CECA (2006)

El 38,77% respondió siempre y 36,73% respondió casi siempre; la sumatoria de los porcentajes es de 75,50%.

La mayoría de los profesores corrobora con la observación, como con las técnicas de movimiento se facilita el proceso de enseñanza-aprendizaje. La PNL tiene una modalidad particular para potenciar esta competencia en una forma sistematizada y creativa.

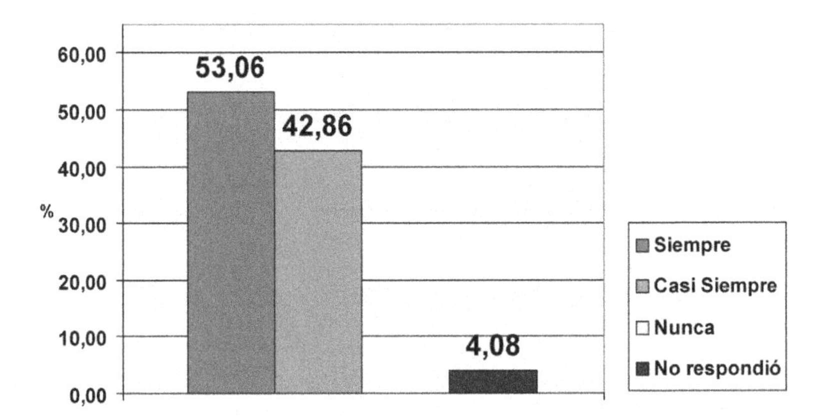

Gráfico 13. Respuesta a la pregunta No. 16: Consideras que el crear imágenes mentales durante al aprendizaje contribuye al logro de transformaciones, éxito, bienestar y felicidad en los estudiantes.
Fuente: CECA (2006)

Aparece con los mayores porcentajes las alternativas siempre 53,06% y casi siempre 42,85%. Un recurso docente sumamente importante cuando se cuando se intenta utilizar la PNL, modelo que perfecciona las destrezas de visualización como herramienta de la comunicación y enseñanza, especialmente en los estudiantes cuyo predominio de acceso a la información es visual y su hemisferio derecho es el dominante.

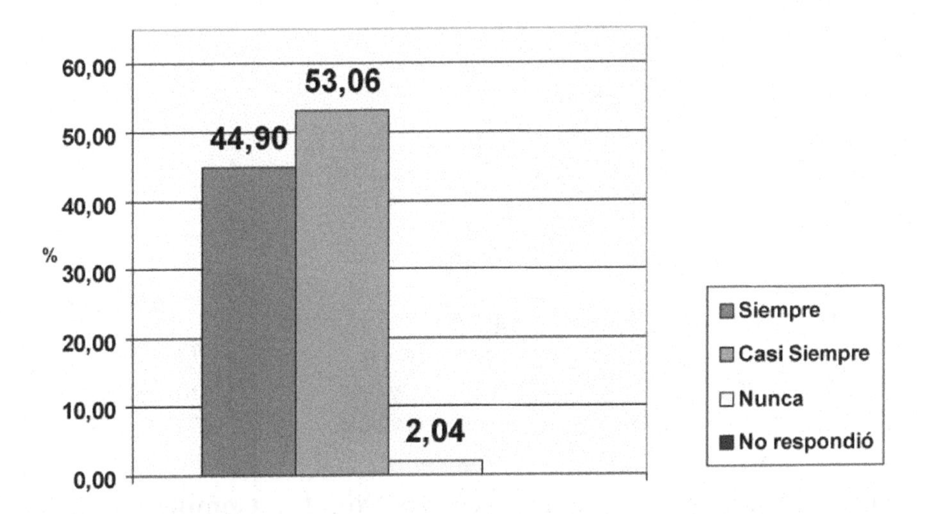

Gráfico 14. Respuesta a la pregunta No. 17: Al establecer una relación de confianza con sus estudiantes observa tanto el lenguaje verbal como el gestual para conocer más de su modelo del mundo. Fuente: CECA (2006)

Las dos primeras barras completan casi toda la muestra 97,95%. Los docentes entrevistados le conceden mucha importancia al lenguaje gestual de los estudiantes de la carrera de medicina; el establecer rapport es esencial para la adecuada configuración de la relación médico-paciente, las estrategias de PNL modelan formas específicas para establecer un rapport eficaz.

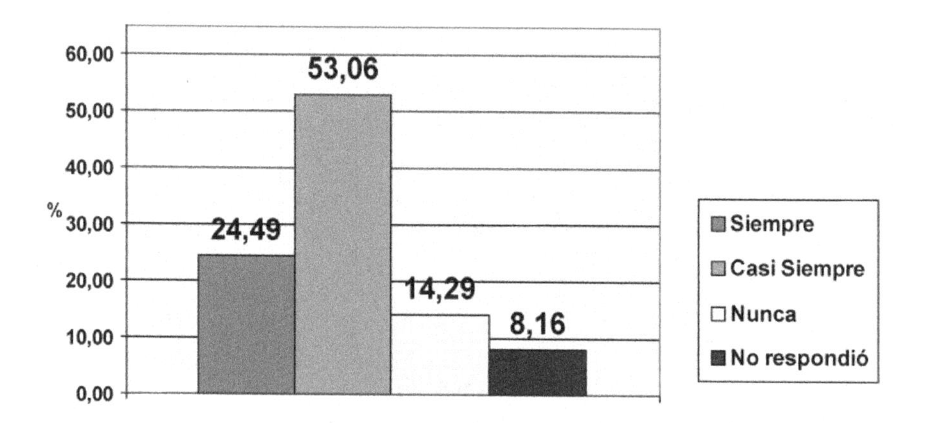

Gráfico 15. Respuesta a la pregunta No. 18: Complementas el reencuadre con otras técnicas para aumentar el deseo de cambio en los estudiantes.
Fuente: CECA (2006)

El 77,54% respondió afirmativamente a la pregunta, correspondiente a la sumatoria de 24,48% alternativa siempre y 53,06% en casi siempre.

El reencuadre es una técnica específica de la PNL para darle significados o contextos distintos a eventos y experiencias; busca encontrar una intención positiva subyacente, creando alternativas u opciones constructivas; en el primero y segundo gráfico de respuestas al cuestionario (I parte), no se demostró que los docentes tengan los conocimientos suficientes para aplicar una estrategia tan particular del modelo.

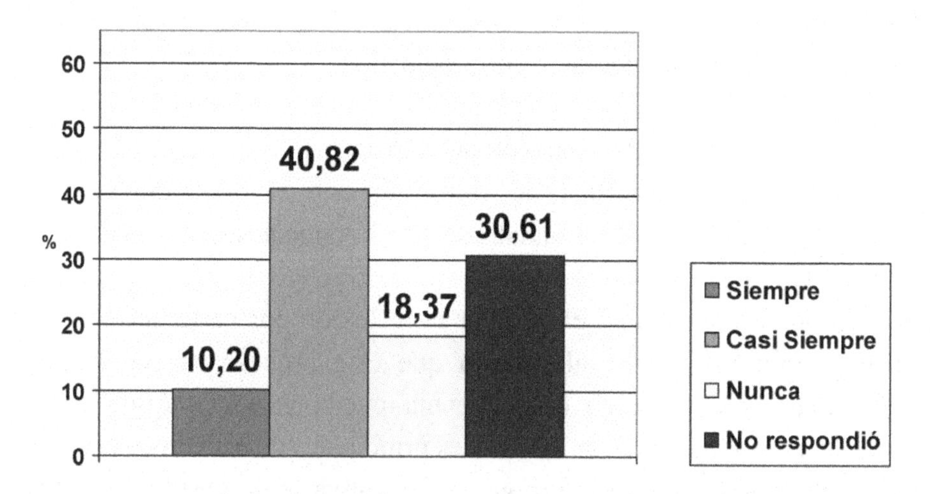

Gráfico 16. Respuesta a la pregunta No. 19: Utilizas la técnica del Squash para restablecer la armonía ante situaciones de conflicto, permitiendo a los estudiantes cooperar a partir del descubrimiento de sus valores hasta llegar a la integración a un objetivo común. Fuente: CECA (2006)

Las respuestas con mayor porcentaje son: casi siempre: 40,81% y no respondió 30,61%., nunca 18,36% y siempre 10,20%. Al comparar estas respuestas con el gráfico obtenido en la primera parte sobre el Squash, (gráfico No. 7) se observa que más del 73% de los entrevistados desconocía el término, por lo cual el 40,81% de esta muestra puede ser atribuido al azar. Por lo tanto, esta técnica debe ser un aspecto fundamental de la capacitación.

ETAPA II. PLANTEAMIENTO Y FUNDAMENTACIÓN TEÓRICA DE LA PROPUESTA.

Definición de la Propuesta

Esta tiene como denominación: Propuesta Educativa para el desarrollo de Competencias Comunicacionales, sustentadas en el enfoque de la Programación Neurolingüística.

Presentación de la Propuesta.

Surge de la necesidad de contribuir con el mejoramiento del proceso de aprendizaje administrado por lo docentes de la institución educativa.

La idea fundamental es generar la reflexión por parte del docente hacia los alumnos, de tal manera que este proceso sea conducido de manera exitosa y en consecuencia pueda verse revertido en el rendimiento académico de los actores principales de este proceso.

Cabe destacar que esta Propuesta Educativa se desarrollará a través de cuatro talleres a ejecutar en cuatro sesiones con una duración de cuatro horas cada uno.

El primer taller se titula definición de PNL, bases y postulados, el segundo taller trata sobre el Anclaje y el Reencuadre, el tercer taller trata sobre los Metamodelos y el último es sobre la comunicación para la docencia efectiva con PNL.

Asimismo los talleres se ejecutarán en las instalaciones de la instalaciones de escuelas de Medicina, a cargo de un especialista en PNL.

Las estrategias previstas para su desarrollo están relacionadas con la exposición, observación, y evaluación del especialista y los participantes.

Fundamentación.

La Propuesta Educativa se sustenta en principios filosóficos, sociológicos y psicológicos, los cuales sustentan el desarrollo teórico-práctico de los talleres.

Fundamentación Filosófica.

Siempre se ha sostenido que el hombre constituye un elemento social, de allí que intenta mantenerse en constante interacción con sus semejantes, en distintos contextos sociales, es decir, la comunidad, el hogar y el trabajo.

De igual forma se afirma que esa socialización es canalizada en el uso de la comunicación asumida como el medio a través del cual los individuos intercambian ideas, percepciones, sentimientos, puntos de vistas, incluso diferencias.

Si la comunicación ha sido fundamental para la humanidad y constituye forma de su parte de vida y de ser, se desea seguir empleando la comunicación bajo el enfoque de la PNL como medio de entendimiento y de interacción entre las personas.

Fundamentación Legal

Para la realización del presente trabajo, los investigadores se suscriben a la Constitución de la República Bolivariana de Venezuela en el Capítulo VI. De los Derechos Culturales y Educativos en el Artículo 103: "toda persona tiene derecho a una educación integral de calidad, permanente, en igualdad de condiciones y oportunidades, sin más limitaciones que las derivadas de sus aptitudes, vocación y aspiraciones".

Considerando que pudiera ser un aporte importante para la realización de las actividades universitarias. "Es el estudio de lo que marca la diferencia entre lo excelente y lo normal. También va dejando detrás un conjunto de técnicas sobre educación, asesoramiento, negocios y terapias, extremadamente efectivas." O´Connor, J. (1990).

La propuesta se sustenta en la Ley de Universidades, publicada en la Gaceta Oficial No. 1429 de 9 de Septiembre de 1990, en el Título I, de las Disposiciones Fundamentales, es importante señalar el Artículo 1°, "La Universidad es fundamentalmente una comunidad de intereses espirituales que reúne a profesores y estudiantes en la tarea de buscar la verdad y afianzar los valores trascendentales del hombre". Toda la expresión coloca como punto fundamental la comunicación entre los estudiantes y profesores, pero una comunicación destinada a la búsqueda de la verdad y de unos valores que deberán estar plasmados y ser discutidos y trasmitidos de la mejor forma.

El Artículo 2° informa: "..., sus actividades se dirigirán a crear, asimilar y difundir el saber mediante la investigación y la enseñanza a completar la formación integral; ...." . enfatizando la importancia de la búsqueda de nuevos conocimientos y los elementos pedagógicos para construir el profesional.

El Artículo 6° finaliza con la siguiente frase "se respetará la libertad de iniciativa de cada Institución". La misma surgirá de los resultados emanados del una discusión permanentemente guiada por el "espíritu de democracia, de justicia social y de solidaridad humana". Artículo 4.

Los investigadores propondrán, luego de la presentación y evaluación del trabajo, someter los resultados a un diálogo entre el profesorado y los alumnos sobre la incorporación definitiva de la PNL en las tareas docentes de Escuelas de Medicina

En el Artículo 9° se refiere a "Autonomía académica, para planificar, organizar y realizar los programas de investigación, docentes y de extensión ..." De manera que la Ley de Universidades avalaría la implementación de cualquier modificación en los métodos de enseñanza, siempre y cuando estén regidos por los principios ya nombrados. La PNL como instrumento puede constituirse en factor potenciador, facilitador de los procesos de enseñanza-aprendizaje.

La vía sería elaborar un proyecto para presentarlo en los Consejos de Escuela, de esa manera contribuir con las atribuciones del mismo, Artículo 71 en su aparte 3. "Elaborar los planes y programas de estudio y someterlos a la aprobación del Consejo de Facultad".

También sería importante distinguir del Código de Deontología Médica, aprobado durante la LXXXVI Reunión Extraordinaria de la Federación Médica Venezolana, el Título V Capítulo I. De la Docencia Médica, el Artículo 162: El ejercicio de la docencia médica, en todos sus niveles, exige cualidades fundamentales; rectitud en los juicios, comportamiento moral irreprochable, aptitud, conocimientos, experiencia y capacidad para reflexionar y deliberar libre de cualquier prejuicio. La Programación Neurolingüística se fundamentó en estudios sobre la manera de estudiar cómo las personas sobresalieron en un campo determinado, y cómo enseñar a otros esos patrones, para lograr una comunicación más efectiva, tener un mejor desarrollo personal y acelerar el ritmo de aprendizaje.

Al revisar el Anteproyecto de Ley de Educación Superior (Versión 1 – d), encontramos una serie de contenidos en consonancia con la propuesta de introducir la Programación Neurolingüística en los estudios médicos.

En su definición expone: "la educación superior se constituye como una comunidad de conocimientos, caracterizada por su apertura a todas las corrientes de pensamiento y a todos los saberes, la libertad académica, la interacción comunicativa entra sus participantes y el ejercicio de la democracia participativa, protagónica y corresponsable".

En la página 3 se observa un aparte denominado Compromisos de la Educación Superior; el mismo enfatiza sobre "los procesos de formación, creación intelectual y vinculación social estarán orientados al desarrollo humano integral y sustentable; el reconocimiento, la comprensión y el conocimiento de nuestra diversidad y potencialidades como país".

En el Capítulo II, sobre los Principios de la Educación Superior, en el componente referido al Pluralismo, Diversidad e Interculturalidad, explica: "la educación superior procura activamente la expresión y debate de todas las corrientes del pensamiento, promueve y protege la libre expresión y argumentación de los puntos de vista,....".

En la Pág. 8 refiriéndose a la Pertinencia; expone en uno de sus segmentos: "el reconocimiento y la adecuación de las prácticas de la educación superior a la diversidad de los participantes en los procesos de formación, creación intelectual y vinculación social, a sus necesidades y potencialidades". Al incluir los contenidos sobre Programación Neurolingüística pudiera aparecer una herramienta que facilitara los procesos.

La Pág. 9, que trata de la Formación Integral, incluye a las "capacidades y actitudes intelectuales que permitan a los estudiantes abordar, analizar, relacionar, transferir y comunicar conocimientos;....". Este mandato legal permitiría incluir la propuesta Neurolingüística como facilitadora de los aprendizajes tanto para el uso de los docentes como de los alumnos.

Fundamentación Sociológica.

El proceso de crecimiento de una persona y sus interacciones con el ambiente lo llevan a un desarrollo de su personalidad, además es influenciado por la percepción que posee de sí mismo y del resto de las personas.

Todas las experiencias de una persona se someten a evaluación y se valoran como positivas, esta valoración depende de que tan consistente o inconsistente son las experiencias con la tendencia de autorrealización.

En este sentido se considera que las personas poseen autorrealización, razón suficiente para explicar la aparición de la conducta humana desde la búsqueda de la alimentación básica hasta los actos más sublimes de la creatividad artística.

La autorrealización es definida como la tendencia que dirige la vida humana a fin de lograr desarrollarse, expandirse, madurar y activar las capacidades del organismo, la conducta humana refleja el esfuerzo de las personas para alcanzar la autorrealización en un mundo que percibe de forma única.

Fundamentación Psicológica.

El modelo fenomenológico considera que los seres humanos son personas activas y pensantes, capaces de elaborar planes y elegir opciones de sus comportamientos, reconoce la existencia de las necesidades biológicas y supone que cada persona nace con un potencial para desarrollar.

Requiere que cada persona es única porque cada uno percibe el mundo a través de sus sentidos y procesa la información de manera diferente, lo cual constituye el punto clave para considerar a las personas desde su óptica del mundo que está observando.

Este modelo se mejoró por medio de obras de psicólogos alemanes como la Escuela Gestalt, afirmando que la mente es más que la suma de sus partes y que la percepción del individuo lo convierte en un participante activo. Este sentido los gestaltistas señalaron que existen infinidad de casos donde la percepción subjetiva trasciende los estímulos que objetivamente están presentes, llevando al ser humano a diferentes interpretaciones de la realidad.

Justificación.

Esta Propuesta Educativa para el desarrollo de Competencias Comunicacionales, dirigido a los docentes de las Escuela de Medicina, es factible de ser diseñada y realizada en los resultados obtenidos mediante la aplicación de un instrumento de recolección de datos diseñado con tal finalidad, donde se evidencia por una parte que ciertamente los docentes carecen de información sobre la PNL.

El propósito fundamental es ofrecer herramientas a los docentes para facilitar el proceso de enseñanza, bajo el enfoque de la Programación Neurolingüística para cristalizar el camino hacia una sincronización de los sentidos y facilitar el aprendizaje exitoso en sus alumnos.

Estructura de la Propuesta

Está conformada por los siguientes componentes: objetivo terminal, objetivos específicos, contenidos, estrategias, técnicas, tiempo y método de evaluación, el cual se presenta a continuación:

El diseño de una propuesta bajo un enfoque Neurolingüístico ayuda a brindar un aporte educativo a los facilitadores del proceso de aprendizaje en las escuelas de medicina o Facultades de Ciencias de la Salud, con el propósito de proporcionarles estrategias y técnicas comunicacionales que le permitan cambios significativos en el desarrollo del proceso. Además les permitirá la adquisición de un mejor diseño para formación de los estudiantes y orientará los conocimientos hacia un proceso más dinámico. De allí la importancia de formular la propuesta educativa y ponerla en acción en el menor tiempo posible.

Por otra parte, compartimos las ideas planteadas por Manfred Max-Neef (1993) cuando propugna como postulado básico del Desarrollo a Escala Humana, la siguiente expresión: "el desarrollo se refiere a las personas y no a los objetos". Continúa diciendo: "el mejor proceso de desarrollo será aquel que permita elevar más la calidad de vida de las personas".

La definición de Desarrollo a Escala Humana:

> Tal desarrollo se concentra y sustenta en la satisfacción de la necesidades humanas fundamentales, en la suficiente generación de niveles crecientes de autodependencia y en la articulación orgánica de los seres humanos con la naturaleza y la tecnología, de los procesos globales con los conocimientos locales, de lo personal con lo social, de la planificación con la autonomía de la sociedad civil con el Estado.

Economistas tales como Robert Putnam de la Universidad de Harvard, proponen cambios importantes que alcanzarían no solamente los procesos económicos, sino que también se incluyen los sociales y culturales. En 1994 crea el concepto de Capital Social, lo define como grado de confianza existente entre los actores sociales de una sociedad, las normas de comportamiento cívico practicadas y el nivel de asociatividad que la caracteriza.

Quienes creen en los beneficios de la PNL, visualizan el escenario ideal para su uso y aplicación.

Otros autores como Kliksberg, B. (2004) refiriéndose al Capital Social dice: "Elementos evidenciadores de la riqueza y fortaleza del tejido social interno de una sociedad. La confianza actúa como ahorrador de conflictos potenciales, limitando el pleitismo"..... "una sociedad con capacidades para actuar cooperativamente, armar redes, concertaciones, sinergias de todo orden a su interior".

Para James Coleman (1990):

El Capital Social se presenta tanto en el plano individual como en el colectivo. El primero tiene que ver con el grado de integración social de un individuo, su red de contactos sociales, implica relaciones, expectativas de reciprocidad, comportamientos confiables. Mejora la afectividad privada, pero también es un bien colectivo.

La Programación Neurolingüistica podría ser un vehículo importante para impulsar dichos procesos, tanto en el ámbito universitario como el comunitario.

La Gerencia del Conocimiento es uno de los procedimientos modernos más utilizados en las grandes corporaciones para optimizar los procesos organizacionales. Cuando hablamos de gerencia del conocimiento nos estamos refiriendo a las personas y los procesos soportados por las tecnologías apropiadas.

Hay cuatro componentes claves del esqueleto del conocimiento organizacional:

Organización del conocimiento usando la taxonomía normalizada que realce los objetivos de la organización.

Disponibilidad de la información y el conocimiento cuando y donde sea necesitado a través de acceso inteligente con fines y objetivos elevados.

Habilidad de conectar el conocimiento con la gente que lo ha creado (apareamiento del conocimiento con los expertos).

Publicar conocimiento para que el mismo pueda ser re-usado y, a posteriori, compartido

Los procesos residen en la mente del empleado (en el caso que nos corresponde serían los profesores), el conocimiento compartido sobre los procesos de trabajo, los roles, la cultura corporativa, los productos y los servicios son las claves de cualquier empresa basada en el conocimiento.

La tecnología es el habilitador por excelencia de la gerencia del conocimiento. Proporciona la base para la construcción de herramientas que automaticen el intercambio de conocimiento e impulsen los procesos.

La implantación de una solución de la gerencia del conocimiento simplifica y mejora la captura y flujo de información de base de datos, sitios Web, empleados y socios, permitiendo a cualquier empresa ahorrar dinero y mantenerse competitiva.

Toda implementación implica: análisis de la situación actual, estudio de necesidades, diseño de la solución, prueba piloto. Implantación final.

La gerencia del conocimiento produce beneficios inmediatos: mantiene un lenguaje uniforme y estandarizado a lo largo de la empresa, pueden compartir y reutilizar los datos entre diferentes aplicaciones por varios tipos de usuarios, manejar información relevante para la innovación de productos y servicios; los empleados invierten menos tiempo en adquirir conocimientos, reducción de la pérdida de conocimientos por movilidad de los empleados y cambios en la dirección estratégica. Se aspira que el utilizar técnicas comunicacionales como las usadas por la Programación Neurolingüistica, conducirá al logro de estos procesos en la gerencia educativa universitaria.

TALLERES

A los fines de la Propuesta se presentan 4 talleres de cuatro horas de duración cada uno

Taller No 1:

Definición de PNL, bases y postulados.

Taller No 2:

Anclaje y Reencuadre.

Taller No 3:

Metamodelo.

Taller No 4:

Comunicación para la docencia efectiva con pnl.

Estructura de los talleres

TALLER No 1: Definición de PNL, bases y postulados.

Objetivo Terminal	Objetivos Específicos	Contenidos	Estrategias	Técnica	Tiempo	Recursos
Reconocer importancia del modelo PNL para el Aprendizaje	Analizar la definición de la Programación Neurolingüística (PNL)	Origen y definiciones de la PNL	Exposición teórica	Audiovisual	45 minutos	Retroproyector láminas, rota folio, reproductor con CDS
	Identificar las bases de la PNL	Fundamentos teóricos de la PNL	Exposición teórica	Audiovisual	45 minutos	Video Beam
	Identificar los postulados esenciales de la PNL	Presuposición de la PNL	Ejercicios prácticos	Dinámica de grupo.	90 minutos	Facilitador Reproductor con CDS

MÉTODO DE EVALUACIÓN:

El participante deberá demostrar al final de la sesión su conocimiento de los conceptos esenciales de programación neurolingüistica a través de la coevaluación en tríadas de sus compañeros de taller, constituidas por un expositor, observador y evaluador, los cuales se rotarán en sus roles. A través de una escala de 1 a 10 con un mínimo de 7 para ser aprobado.

TALLER No 2: Anclaje y Reencuadre

Objetivo Terminal	Objetivos Específicos	Contenidos	Estrategias	Técnica	Tiempo	Recursos
Incorporar las técnicas de anclaje y reencuadre a la docencia	*Analizar el Anclaje. * Analizar su • importancia	Recursos necesarios para realizar anclajes efectivos	Exposición teórica	Audiovisual	Una hora	Retroproyector láminas, rota folio, reproductor con CDS
	*Analizar el Reencuadre. *Identificar Tipos de reencuadre	Reencuadre eficaces para la docencia	Exposición teórico -práctica	Audiovisual	Una hora	Video Beam
	*Adquirir competencias en la aplicación de anclajes y reencuadres	Los anclajes y reencuadres en la práctica docente	Ejercicios interactivos	Dinámica de grupos	90 minutos	Facilitador Reproductor con CDS

MÉTODO DE EVALUACIÓN:

Cada participante debe mostrar su competencia por lo menos en dos tipos de Anclaje y un tipo de Reencuadre a través de la coevaluación de sus compañeros de taller en roles de expositor, observador y evaluador, los cuales serán rotativos. El nivel de competencia será a través de una escala de 1 a 10 con un mínimo de 7 para su aprobación.

TALLER No 3: EL Metamodelo

Objetivo Terminal	Objetivos Específicos	Contenidos	Estrategias	Técnica	Tiempo	Recursos
	Analizar el metamodelo. Identificar las limitaciones en la comunicación	Generalizaciones Distorsiones Omisiones	Exposición teórica	Audiovisual	Una hora	Retroproyector láminas, rota folio, reproductor con CDS
	Aplicar el uso del metamodelo en las relaciones interpersonales	Modelo de preguntas eficaces para obtener información	Exposición teórico-práctica	Audiovisual	Una hora	Retroproyector láminas Rota folio
	Aplicar eficazmente el metamodelo en la docencia	Generalizaciones distorsiones y omisiones mas frecuentes en la praxis docente	Ejercicios prácticos	Dinámica de grupos Audio	90 minutos	Facilitador Reproductor con CDS

MÉTODO DE EVALUACIÓN:

Cada participante demostrará su competencia en el uso del Metamodelo mediante un ejercicio con un compañero de trabajo, para ser evaluado es una escala de 1 a 10 por el facilitador y sus compañeros de taller, con un mínimo de aprobación de

TALLER No 4: COMUNICACIÓN para la docencia efectiva con pnl

Objetivo Terminal	Objetivos específicos	Contenido	Estrategias	Técnica	Tiempo	Recursos
Consolidar las técnicas de comunicación más eficaces de la PNL para el proceso aprendizaje	• Facilitar la comunicación para la enseñanza individualizada Establecer Rapport	* Reconocer los canales sensoriales que predominan en los alumnos * Como lograr rapport con el alumno	Experiencia vivencial	Audiovisual	Una hora	Rota folio reproductor con CDS
	Adquirir competencias en la aplicación de anclajes y reencuadres en la practica docente	Anclajes y reencuadres eficaces para el aprendizaje	Experiencia teórico-práctica	Audiovisual	Una hora	Video Beam Rota folio Reproductor con CDS
	Diseñar en triadas reglas de comunicación eficaz con PNL	PNL y las reglas de Comunicación	Ejercicios de interacción creativa grupal	Dinámica de grupos Juegos creativos	90 minutos	Rota folio Tarjetas de presentación

MÉTODO DE EVALUACIÓN:

Cada participante demostrará su competencia en el establecimiento de rapport, un tipo de Anclaje y dos reglas de comunicación mediante un ejercicio con un compañeros de trabajo y un observador, para ser evaluado es una escala de 1 a 10 por el facilitador y sus compañeros de taller, con un mínimo de aprobación de 7.

Será acreedor de certificado si aprueba los 4 talleres en caso contrario recibirá certificado de asistencia.

ETAPA III. PROCEDIMIENTO METODOLOGICO Y RECURSOS NECESARIOS PARA SU EJECUCION.

Se especificarán los métodos y técnicas a utilizar para la ejecución de la Propuesta. Cada actividad y estrategia a seguir estará apoyada por una técnica, considerando los fines del proyecto y la situación contextual del mismo.

Se seleccionarán métodos y técnicas que faciliten la participación activa de las personas inmersas en él, se establecerán los mecanismos que induzcan a los beneficiarios a un cambio de paradigma en la comunicación interpersonal.

La Propuesta se desarrollará atendiendo a él siguiente procedimiento: (a) presentación la Propuesta, (b) análisis de la Propuesta, (c) participación a los beneficiarios, (d) selección de la fecha de ejecución, (e) reservación de los recursos didácticos, (f) ejecución de la Propuesta.

La Propuesta se desarrollará a través de talleres, específicamente se estructura en cuatro talleres que se ejecutarán en cuatro horas cada uno.

Especificación operacional de las actividades y tareas a realizar.

META MEDIO	PRODUCTO	ACTIVIDAD	TAREA
Dar a conocer Propuesta	Docentes	Presentación a la institución educativa	Acudir a la dirección de personal
Lograr asistencia de los docentes	Tiempo disponible	Participación de los docentes	Invitación Carta a docentes
Establecer fecha	Fijar día y hora	Selección de fecha	Acordar la Reunión Con Director
Asegurar recurso Didáctico con director	Reservación los recursos	Preservación de los recursos	Acordar Reunión con Dirección
Ejecutar Talleres Reunión	Desarrollo de los contenidos	Ejecución los talleres	Aplicar a Docentes

Determinación de recursos necesarios para la ejecución de la Propuesta.

Para la realización del proyecto se requiere de una serie de recursos con el fin de obtener el producto y lograr el objetivo inmediato.

En este sentido Ander. Egg y Aguilar (1996) plantean que en el proyecto suelen distinguirse cuatro tipos de recursos: humanos, materiales, técnicos y financieros, que constituyen los insumos necesarios para su realización.

A continuación se presenta la siguiente información:

Determinación de los recursos para la Propuesta.

Recursos Humanos	Recursos Materiales	Recursos Técnicos	Recursos Financieros
- Facilitador	- Carpetas	- Retroproyector	Aporte de dirección
- Docentes	- Transparencias	- Video Beam - Marcadores - Pizarra - Distintivos - Laminas	

ETAPA IV. ANALISIS Y CONCLUSIONES SOBRE LA VIABILIDAD Y REALIZACION DEL PROYECTO.

Viabilidad

El desarrollo de la presente etapa es determinar la viabilidad y realización del proyecto, en base a los estudios de mercado- técnico y financiero, es decir, determinar la factibilidad de ejecución del Proyecto Factible en atención a la disponibilidad de recursos humanos, técnicos y financieros.

Estudio de Mercado.

Mediante este estudio se determinará y cuantificará la existencia de un grupo de docentes que requieren ser capacitados en Estrategias Comunicacionales bajo un enfoque de la PNL.

El Producto en el Mercado.

Producto Principal: Implementando el proyecto se tendrá como producto, la formación de los docentes de las Escuela de Medicina, en el manejo de herramientas de PNL, para capacitarlos en Estrategias Comunicacionales efectivas.

Producto Secundario: Una vez implementado el proyecto y haberse capacitado al grupo de docentes, se tendrá como producto secundario la adquisición de herramientas que faciliten el proceso de enseñanza-aprendizaje.

Producto Terciario: Una vez capacitados los docentes se tendrá como producto terciario la posibilidad de contar con un recurso humano debidamente capacitado en lo que se refiere a estrategias Neurolingüisticas, para ser aplicadas en el proceso de enseñanza- aprendizaje.

Área de Mercado: Comprende a los docentes de Educación Universitaria ubicados en un Escuela de Medicina

Comportamiento de la Oferta.

Situación actual de la Oferta: Está representada por la presentación del Proyecto a un grupo de docentes, con el propósito de capacitarle para el uso efectivo de Estrategias Comunicacionales, motivándolos a la implementación del proyecto.

Situación futura de la Oferta: El Proyecto será presentado a la dirección de la institución educativa para que sea suministrado a los docentes con necesidad de capacitación.

Conclusiones del Estudio de Mercado.

Se tiene a un grupo de sujetos que requieren ser capacitados y serán los receptores principales de la Propuesta Educativa.

Estudio Técnico.

Mediante este estudio se estudiará la viabilidad técnica de operacionalización del proyecto considerando la capacidad del proyecto, factores condicionantes del tamaño, proceso de transformación, localización del proyecto, organización para la formulación y operacionalización del proyecto.

Capacidad del Proyecto.

Inicialmente el Proyecto está concebido para ser aplicado a un grupo de docentes de una Escuela de Medicina. No obstante satisfecha la necesidad de capacitación del mencionado grupo, el Proyecto puede ser suministrado a un grupo mayor de docentes que lo requiera.

En este sentido, está previsto para ser aplicado en un lapso de 16 horas, administrado en cuatro talleres con una duración de cuatro horas.

Factores Condicionantes del Tamaño.

Tamaño del Mercado: Aún cuando en la región del estudio básico, existe un componente muy amplio de docentes en ejercicio, el proyecto estuvo dirigido inicialmente a 30 docentes de una Escuela de Medicina venezolana. Sin embargo, el Proyecto puede ser suministrado a un grupo mayor de docentes.

Disponibilidad de recursos humanos y materiales: Estos factores serán satisfechos con la disponibilidad de recursos humanos (facilitador y docentes), así como de recursos materiales por parte de la Dirección de la escuela. Desde este punto de vista es factible su aplicación.

Disponibilidad del transporte: será implementado en la propia sede de la institución educativa.

Capacidad Institucional: desde esta perspectiva están satisfechas las posibilidades de ejecución del proyecto, contando para ello con la cooperación de la dirección de la institución educativa.

Capacidad Administrativa: mediante la conjunción de los esfuerzos de los beneficiarios, facilitador y la institución educativa, se podrá administrar efectiva y eficazmente el Proyecto.

Proceso de Transformación.

Descripción del Proceso de Transformación.

Los docentes de la institución educativa serán copartícipes de un proceso de capacitación, a través de una Propuesta basada en Estrategias Comunicacionales, el cual se cristalizará mediante cuatro talleres con duración de cuatro horas cada uno.

En este sentido, las actividades serán orientadas por el promotor del Proyecto. Los docentes serán transformados mediante el proceso instruccional en producto secundario, que contará a partir de entonces con herramientas teóricas-prácticas para promover y facilitar el aprendizaje, en ejercicio de su responsabilidad.

A continuación se presenta el flujograma del proceso global de transformación, que se espera al final de la ejecución.

Flujo grama del Proceso Global de Transformación.

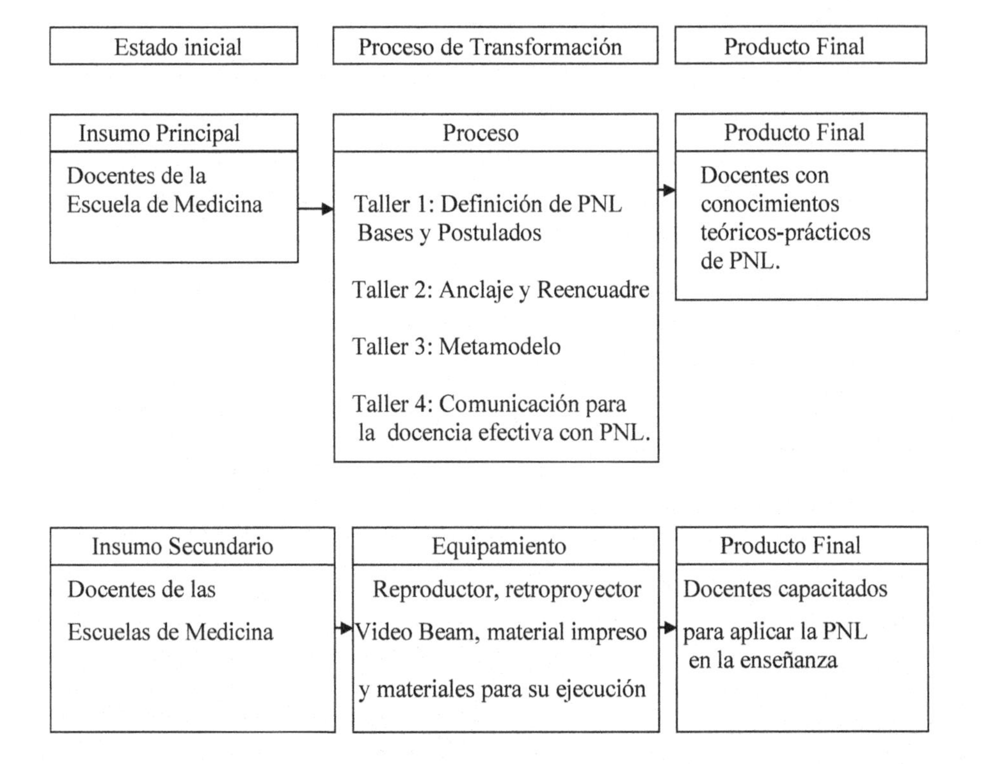

Localización del Proyecto.

Macro localización: el Proyecto concebido y publicado será presentado en la Direcciones de las instituciones educativas, y se aplicará en la planta física de las escuelas de Medicina, de ser aprobados por los Consejos directivos o instancias correspondientes

Micro localización: el Proyecto podrá ejecutado en áreas básicas y hospitalarias de las Escuelas de Medicina.

Organización del Proyecto.

Organización para la Formulación del Proyecto.

El Proyecto surge de la necesidad de dar respuesta a la capacitación sobre el desarrollo de Estrategias Comunicacionales bajo el enfoque de la PNL por parte de los docentes.

Se diseñó un cuestionario debidamente validado por expertos, el cual fue suministrado al grupo objeto de estudio, cuya información fue ordenada y tabulada con su correspondiente análisis e interpretación, que representó la etapa del diagnóstico.

Seguidamente se procedió a la Etapa II: Planteamiento y fundamentación de la propuesta, donde se diseñó. Luego se determinó la Etapa III. Procedimiento metodológico, actividades y recursos necesarios para su ejecución y finalmente se realizó la Etapa IV: Análisis y conclusiones sobre la viabilidad y realización de la propuesta, con el fin de medir su factibilidad.

Conclusiones sobre el Estudio Técnico.

La factibilidad técnica del Proyecto es posible en virtud de la posibilidad de acceder a los recursos materiales, así como contar con el recurso humano especializado en aplicar la propuesta. Además institucionalmente se tiene el respaldo para ser ejecutado en las instalaciones.

Estudio Financiero.

Mediante el estudio se determinará la forma de obtener recursos financieros para cubrir los costos del Proyecto, el cual se desarrollará sabiendo el análisis de costos vigentes a la fecha de su implementación.

Análisis de Costos.(año 2007)

Recursos Materiales	Cantidad	Costo	Total
Bs.			
Papel Bond	30 resmas	10.000	30.000
Lápices	30	1.500	45.000
Carpetas	30	500	15.000
Guías	30	6.000	180.000
Marcadores	20	3.500	70.000
Transparencias	20 laminas	2.000	40.000
TOTAL			380.000

Conclusiones sobre el Estudio Financiero.

Para la ejecución de la Propuesta los recursos serán aportados compartidamente por las jefatura de Departamento coordinadores, de las escuela de medicina o facultades de Ciencias de la Salud, y por recursos propios de sus promotores.

CAPITULO V

CONCLUSIONES

1. Según los resultados encontrados se puede determinar que hay un desconocimiento de la teoría de la Programación Neurolinguística, en cuanto a su definición, bases, postulados, características y tipos de Estrategias Comunicacionales.

Tal información conlleva a afirmar que los docentes objeto del estudio presentaron en su mayoría necesidades académicas que deben ser atendidas. Posteriormente se harán las especificaciones de cómo cubrirlas.

2. En relación a la aplicación de la Programación Neurolingüística en el aprendizaje, se puede deducir de los resultados que los docentes aplican en un porcentaje bajo las Estrategias Comunicacionales.

Se presume que esta situación puede estar afectando el rendimiento académico de los estudiantes y por tanto se hace necesario que en tiempo perentorio, estos docentes reciban los insumos requeridos que le permitan incrementar su caudal de conocimiento, a fin de que puedan ofrecer un aprendizaje óptimo.

Es conveniente que los entes rectores al velar por el bienestar de la educación, a nivel de la universidades y de sus diversas sedes, desarrollen programas permanentes que estimulen al docente a tener una visión holística del proceso de aprendizaje, en donde se fomente el interés por conocer nuevas estrategias para lograr un aprendizaje eficaz y significativo en los estudiantes, resaltando a la programación Neurolingüística como uno de los enfoques que mayor ayuda le ofrece al hombre, para que este se desarrolle y se realice plenamente.

Puesta en evidencia la situación se hace necesario formular una Propuesta Educativa que consolide el desarrollo de Competencias Comunicacionales, sustentadas en el mencionado enfoque, donde se produzcan cambios, mediante la puesta en práctica de medios capaces de proporcionar resultados exitosos, que conduzcan a menos aprendizajes, al logro de metas y a la postulación de aptitudes novedosas.

RECOMENDACIONES

Es necesario dotar al docente de herramientas Neurolingüísticas, que le permitan mantenerse en un estado activo de conocimientos teóricos y de aplicación mediante la realización de ciclos de talleres, actividades complementarias y experiencias directas con la realidad. La adquisición de estos recursos aporta cambios importantes en el manejo del proceso de aprendizaje, repercutiendo en una actitud transformadora de los sujetos involucrados en dicho proceso.

Se considera que esta Propuesta Educativa debe ser extendida a otras instituciones, con la finalidad de ofrecer un aporte valioso a la educación que se imparte en los diferentes centros educativos, para formar individuos capaces de enfrentar las exigencias demandadas por la sociedad.

El 85% del valor de una institución universitaria proviene de sus activos intangibles; las universidades de excelencia, (Yale, Chicago, Universidad de Chile), seleccionan, capacitan, crean software, innovan, se relacionan con estudiantes y la comunidad.

Si se considera que el éxito, es alcanzar la Misión para la cual fue creada la institución, por esta razón, los beneficiarios incluidos en la misma, son los que deben ocupar el lugar predominante.

Presentamos finalmente un ejemplo, la Misión de la Universidad de Carabobo en Venezuela, es la “Creación, desarrollo y difusión de conocimientos innovadores, competitivos y socialmente pertinentes para la formación ética e integral de profesionales y técnicos altamente calificados, con sentido ciudadano, promotores de cambios sociales, políticos y económicos, que conduzcan a la consolidación de la libertad, la democracia y el bienestar. Todo ello enmarcado en una política unificadora de la docencia, investigación y extensión, con vinculación interinstitucional, como motor de transformación de la sociedad".

Su Visión de futuro es: "ser una Universidad pública, participativa, innovadora e integral; de alta valoración y prestigio nacional e internacional, paradigma de gestión social y horizonte ético de la sociedad; estrechamente vinculada con su medio; forjadora de ciudadanos y profesionales de alta calificación; promotora del pensamiento crítico, generadora del saber y plataforma tecnológica de los nuevos tiempos"

De acuerdo con la perspectiva organizacional moderna, si se quiere crear valor para una comunidad determinada, haciendo efectiva la Misión y Visión de una Universidad como la de Carabobo, Venezuela se requiere realizar obras que mejoren la calidad de vida de sus beneficiarios; a través de proyectos comunitarios y usando indicadores actualizados que verifiquen índices de percepción; reforzar los valores institucionales, por ejemplo: generar compromiso del plantel profesoral para el desarrollo humano de alumnos y graduados, y desarrollar las competencias de relación con los estudiantes; para los dos últimos pueden usarse el porcentaje de proyectos sociales desarrollados y de mejora en el desempeño respectivamente; a través de instrumentos como el modelo PNL, es posible verificar los niveles de mejora en el desempeño en la comunicación con los estudiantes, a través del cuestionario que se propone en este trabajo, aplicándolo en momentos diferentes, inicialmente, al iniciar el entrenamiento y en la etapa final de la capacitación en programación neurolingüistica

Los analfabetas del siglo XXI no serán los que no puedan leer y escribir, sino quienes no puedan aprender, desaprender y volver a aprender

Alvin Toffler

REFERENCIAS

Albarrán, A. (1999). *Evaluación de las estrategias pedagógicas de los docentes en la primera etapa de educación básica a la luz del nuevo diseño curricular en las escuelas del municipio Pueblo Llano del estado Mérida.* Trabajo de Grado para optar al título de Magíster en Ciencias de la Educación. Universidad Bicentenaria de Aragua, Maracay.

Alvarado, R. (2003). *Programa de capacitación en Comunicación interpersonal bajo un enfoque de PNL dirigido a los facilitadores de la Maestría en Educación Superior de la UPEL,* Trabajo de Grado de Maestría UPEL-IPB, Barquisimeto.

Bandler, R. y Grinder, J. (1998). *La Estructura de la Magia.* Chile: Cuatro Vientos.

Bandler, R. y Grindler J. (1997). *Trance Fórmate.* Madrid: Gaia ediciones.

Carrión, S. (1996). *Curso de Practitioner en PNL.* Madrid: Mandala.

Carrión S.(1999). *Técnicas avanzadas de PNL.* Madrid: Mandala

Castillo, B. (2000) *Programa Comunicacional dirigido a los docentes para mejorar su desempeño académico,* Trabajo de Grado de Maestría UPEL-IPB, Barquisimeto.

Chavéz, V. (1999). *Programa de Estrategias Asertivas dirigida a los docentes para mejorar la comunicación,* Trabajo de Grado de Maestría UPEL-IPB, Barquisimeto.

Córdova, M. (2000). *Técnicas de Superaprendizaje y su inclusión en la Planificación Educativa,* Trabajo de Grado de Maestría UPEL-IPB, Barquisimeto.

Cudicio, C. (1993). *Como vender mejor con la PNL.* Buenos Aire: VERLAP.

Díaz, C. (1999). *Programa de Estrategia Comunicacional para la optimización del Clima Organizacional,* Trabajo de Grado de Maestría UPEL- IPB, Barquisimeto.

Dilts, R. (1998). *Liderazgo Creativo PNL.* Barcelona: Urano.

Egg, A. y Aguilar. (1996). *Cómo elaborar un Proyecto.* Argentina: LUMEN.

González, M. (2001). *Propuesta Metodológica basada en el modelo neurolingüistico para la enseñanza de la lengua aplicada,* Trabajo de Grado de Maestría UPEL-IPB, Barquisimeto.

León G., N. (2000). La Formación del Docente de Matemática y Reforma de la Educación Básica Venezolana Universidad Pedagógica Experimental Libertador. Núcleo Maturín.

Longin, P. (1997). *Como llegar a ser un líder con la PNL.* Barcelona: Juan Granica.

Lugo, L. (1999). *El modelo del cerebro triuno y la PNL como herramienta para el Mejoramiento del aprendizaje,* Trabajo de Grado de Maestría UCV, Caracas.

Mc Dermott, I. y O'Connor J. (1999). *PNL para la Salud.* Barcelona: Urano.

Medina, M. (2000). *La PNL como estrategia didáctica y su efecto en la motivación al logro y el rendimiento académico,* Trabajo de Grado de Maestría UPEL-IPB, Barquisimeto

Ministerio de Educación (1997). *La reforma Curricular de la Educación Básica.* Caracas. Venezuela.

Ministerio de Educación Cultura y Deportes. (2003) *Documento elaborado por la Dirección de Educación Básica* – MECD.

O'Connor, J. Y Seymour, J. (1996). *PNL para formadores.* Barcelona: Urano.

O´Connor, J. y Lages A. (2005). *Coaching con PNL.* Barcelona. Urano

Perdomo, L. (2000). *La PNL como estrategia comunicacional del docente en su rol de orientador para ejercer un liderazgo transformacional,* Trabajo de Grado de Maestría UPUL-IPB, Barquisimeto.

Puche, J. (2002*). Desarrolle su inteligencia espiritual con PNL.* Bogotá: .Intermedio Editores:

Redondo, G. (1999). *Educación y Comunicación.* España: Aysel

Rodríguez, M. (2002). *Fundamentos Psicopedagógicos y Estrategias de PNL*, Trabajo de Grado de Maestría UPEL-IPB, Barquisimeto.

Rojas, Z. (1998). *Diseño de una Propuesta Educativa para el desarrollo de Competencias Comunicacionales dirigidas a directores de Escuelas Básicas*, Trabajo de Grado de Maestría UPEL-IPB, Barquisimeto.

Saint Paul, J. y Tenenbaum, S. (1996). *Excelencia Mental*. Barcelona: Robinbook.

Salazar, V. (2003). *Herramientas Neurolingüistica y Proceso de Enseñanza exitoso en los docentes de Escuelas Básicas.* Trabajo de Grado de Maestría UPEL-IPB, Barquisimeto.

Sambrano, J. (1997). *PNL para Todos.* Caracas: Alfadil.

Soriano de D, M. (1997). *Programación Neurolingüistica*. Taller

Universidad Pedagógica Experimental Libertador. (2003) *Manual de Trabajo de Grado, Especialización, Maestría y Tesis Doctorales.*

Williams, L. (1986). *Aprender con todo el cerebro.* Barcelona: Martínez Roca.

Sosa, G. (2005). Un medico más cercano al hombre y a la salud Valencia. Venezuela: Clemente Editnes.

Morin, E. (2001). Los siete saberes necesarios para la educación del futuro. Barcelona España: Editorial Paidos.

Max Neef, M. (1993). Desarrollo a Escala Humana Montevideo. Maupuay: Editorial Nordan-Comunidad

ANEXO A

Universidad
Escuela de Medicina
Facultad de Ciencias de la Salud,

Cuestionario de Estrategias Comunicacionales para el Aprendizaje (CECA)

Estimado colega:

Con el deseo de diagnosticar el nivel de conocimiento y aplicabilidad de la Programación Neurolingüística, como modelo para el desarrollo de Competencias Comunicacionales en el proceso de enseñanza-aprendizaje, solicito responda con la mayor sinceridad todas las preguntas planteadas en el presente instrumento.

Su colaboración es considerada como un aporte valioso en la presentación de los resultados de esta investigación.

Sus respuestas serán manejadas con estricta confidencialidad.

Agradeciendo de antemano, se suscribe de usted

Atentamente

Profesores: Miguel Herrera y Joel León

Instrucciones: Marque con una equis (x) el paréntesis correspondiente a la respuesta correcta de cada planteamiento formulado.

I PARTE

1. La Programación Neurolingüística se define como:
   ( ) Una reconstrucción verbal del pensamiento que facilita la adquisición de aprendizajes efectivos.
   ( ) Un método de control que permite desarrollar comportamientos asociados a procesos mentales del hombre y su entorno.
   ( ) Un enfoque cuyo objetivo es lograr que el hombre se desarrolle y se realice plenamente a través de la comprensión, de la interacción y la experiencia subjetiva en términos de estructura.
   ( ) Un programa que ofrece un modelo único de persuasión de las emociones, con el fin de tomar decisiones sobre criterios preestablecidos de la conducta observada.

2. La PNL se sustenta bajo las bases de la:
   ( ) Psicología, teoría constructivista, teoría de la relatividad y del desarrollo humano.
   ( ) Lingüística, teoría de la comunicación, Neurología, teoría de la información.
   ( ) Filosofía, análisis transaccional, informática, metodología estructural y la psicolingüística.
   ( ) Neurología, la teoría bioenergética, el modelo transformacional fundamental y de la Nemotecnia.

3. La PNL ha basado su sistema en un modelo comunicacional que permite descifrar los lenguajes provenientes de las diferentes zonas del cerebro para integrarlos a un proceso:
   ( ) Global que ayude a ampliar los paradigmas, a cambiar las estrategias, a desbloquear energías, a agudizar la capacidad perceptual.

( ) Particular que contribuye a sincronizar el conocimiento del individuo sin que haya la intervención de factores externos.
( ) Sistemático de la experiencia individual que redunda en el pensamiento cognoscitivo y encubre los fallos de la comunicación.
( ) Paradigmático que involucre ciertas estrategias comunicacionales en los mensajes decodificado para condicionar la capacidad perceptual.

4. La estructura de la conciencia y la conducta del individuo están determinadas por:
( ) La ideología predominante de culturas imponentes.
( ) Los atributos de la lengua que hablan las personas.
( ) La forma particular de desbloquear las energías por causa de pasados traumas.
( ) Las sucesivas evoluciones de las especies.

5. La comunicación en el hombre es un proceso complejo en el que participa:
( ) De manera desigual estructuras cerebrales y emocionales.
( ) De forma ponderada las relaciones lógico-semánticas.
( ) Por igual una estructura profunda del cerebro.
( ) Por igual las estructuras cerebrales, sociales y culturales.

6. En PNL a la representación del mundo, de la realidad de cada persona en particular se le denomina:
( ) Mensaje
( ) Mapa
( ) Metamodelo
( ) Canal sensorial

7. Uno de los postulados de la PNL plantea que si algo no funciona en la comunicación hay que:
( ) Desistir del error y asumir el fracaso

( ) Persistir en las técnicas empleadas hasta lograr el éxito
( ) Probar con otras conductas, variar el comportamiento hasta lograrla respuesta deseada.
( ) Distorsionar la realidad para involucrar al individuo en su propio fracaso.

8. En PNL todas las representaciones sensoriales experimentadas y expresadas interna y externamente, de las cuales el observador tiene una evidencia, se denomina:
( ) Metalenguaje
( ) Mensaje
( ) Adaptabilidad
( ) comportamiento

9. El sistema representacional se realiza de manera adecuada a través de los sistemas:
( ) Perceptuales
( ) Neurológicos
( ) Lingüísticos
( ) Cibernéticos

10. La penetración y adaptación del modelo de cada persona al modelo de otra y que establece un acoplamiento físico y psicológico dirigido a lograr en la otra persona un estado deseado, recibe el nombre de
( ) Sinestesia
( ) Rapport
( ) Modelaje
( ) Sincronización

11. Un mecanismo de modelaje del ser humano que consiste en el proceso mediante el cual una experiencia específica sirve para representar una experiencia en su totalidad se identifica como:
( ) Generalización
( ) Distorsión

( ) Eliminación
( ) Configuración

12. El metamodelo se define como un:
( ) Acto mediante el cual se modifica la experiencia de una comunicación que ha tenido éxito.
( ) Proceso a través del cual prestamos atención a unas cosas y no a otras sin intervención alguna.
( ) Paradigma que identifica pautas, patrones del lenguaje y que conforman nuestras creencias.
( ) Producto de integración de muchas experiencias percibidas del mundo exterior.

13. La estrategia comunicacional que tiene la capacidad de establecer conexión entre dos caras diferentes reconociendo que en cierto modo comparten un rasgo en común o ejemplifican un principio común se denomina:

( ) Metalenguaje
( ) Metáfora
( ) Rapport
( ) Reencuadre

14.- El anclaje se define como una estrategia comunicacional que obedece a:
( ) Alternativas que permiten satisfacer la intención positiva y asegura que las nuevas soluciones hayan sido aceptadas.
( ) Estados internos de ramificación de las ordenes cerebrales que proporcionan una dosis de significado.
( ) Estímulos sensoriales que desencadenan en comportamientos y estados internos de un individuo para el logro efectivo de sus metas.
( ) Respuestas que permiten reestablecer la armonía, llevándolo a las partes a cooperar a partir del descubrimiento de su (s) valor (es).

15. La técnica del Squash permite:
    ( ) Distinguir la función positiva del comportamiento y ascender en la jerarquía de los objetivos y los valores para lograr el objetivo común.
    ( ) Evitar que el conflicto se resuelva a través de la integración de las partes.
    ( ) Descubrir que el sujeto es consciente de tener una parte creativa, anclando varias experiencias de creatividad imaginaria.
    ( ) Distinguir la problemática a través de estímulos sensoriales para crear en la mente imágenes.

II PARTE: Marque con una equis(x) el paréntesis de la opción que indique la frecuencia de la aplicación de la proposición que se plantea.

1. Al desarrollar el proceso de aprendizaje consideras que el sistema neurológico es la base orgánica de los procesos mentales que involucran los aprendizajes.
   Siempre ( ) Casi siempre ( ) Nunca ( )

2. Aplicas diversas estrategias que estimulen el sistema sensorial, vestibular, cinestésico y visceral de la consecución de los aprendizajes.
   Siempre ( ) Casi siempre ( ) Nunca ( )

3. Consideras que las estrategias comunicacionales son apropiadas y efectivas siempre y cuando se utilicen en situaciones que lo ameriten.
   Siempre ( ) Casi siempre ( ) Nunca ( )

4. Cuando el alumno presente dificultades en el aprendizaje tomas decisiones considerando que el docente puede tener problemas de enseñanza.
   Siempre ( ) Casi siempre ( ) Nunca ( )

5. Los planes y proyectos que elaboran los estudiantes son sometidos a un proceso crítico

Siempre ( ) Casi siempre ( ) Nunca ( )

6. Durante el proceso de enseñanza reevalúas tus criterios adaptándolos a los del estudiante para introducir cambios favorables al aprendizaje.

Siempre ( ) Casi siempre ( ) Nunca ( )

7. Desarrollas la creatividad en los estudiantes considerándola como un proceso estructurado que exige organización y trabajo constante, en vez de asociarla a un don natural.

Siempre ( ) Casi siempre ( ) Nunca ( )

8. Utilizas modelos, paradigmas o mapas para codificar, condensar, clasificar y generalizar experiencias de aprendizaje.

Siempre ( ) Casi siempre ( ) Nunca ( )

9. Utilizas en la comunicación los mecanismos fundamentales de modelaje del ser humano: generalización, eliminación y distorsión.

Siempre ( ) Casi siempre ( ) Nunca ( )

10. Generas en los estudiantes estados mentales que le permitan una comunicación eficaz, una relación fluida y un aprendizaje más efectivo.

Siempre ( ) Casi siempre ( ) Nunca ( )

11. Compruebas que los gestos empleados al comunicarte con los estudiantes causan mayor impacto que las palabras

Siempre ( ) Casi siempre ( ) Nunca ( )

12. Estimulas a los estudiantes, para que sobre la base de su propia experiencia, propongan metáforas que desarrollen aprendizajes de reconocimiento y comprensión de pautas, principio general y análisis de situaciones.

Siempre ( ) Casi siempre ( ) Nunca ( )

13. Haces uso de técnicas interrogativas basadas en la comunicación verbal del estudiante logrando con ellas mayor rapidez y mejor comprensión del aprendizaje.

Siempre ( ) Casi siempre ( ) Nunca ( )

14. Al enseñar vocabulario, resolución de problemas y desarrollar habilidades motrices emplea variedad de juegos de movimiento.

Siempre ( ) Casi siempre ( ) Nunca ( )

15. Observas que al emplear técnicas de movimiento el estudiante actúa sin tensiones, reduce la fatiga y elimina los bloqueos.

Siempre ( ) Casi siempre ( ) Nunca ( )

16. Consideras que el crear imágenes mentales durante el aprendizaje contribuye al logro de transformaciones, éxito, bienestar y felicidad en los estudiantes.

Siempre ( ) Casi siempre ( ) Nunca ( )

17. Al establecer una relación de confianza con sus estudiantes observa tanto el lenguaje verbal como gestual para conocer más de su modelo del mundo.

Siempre ( ) Casi siempre ( ) Nunca ( )

18. Complementas el reencuadre con otras técnicas para aumentar el deseo de cambio en los estudiantes

Siempre ( ) Casi siempre ( ) Nunca ( )

19. Utilizas la técnica del Squash para reestablecer la armonía ante situaciones de conflicto, permitiéndole al estudiante cooperar a partir del descubrimiento de sus valores hasta llegar a la integración a un objetivo común.

Siempre ( ) Casi siempre ( ) Nunca ( )

ANEXO B

Universidad

Escuela de Medicina
Facultad de Ciencias de la Salud

Ciudadano (a):

Me dirijo a Usted con la finalidad de solicitar su valiosa colaboración en la Validación de Contenido de los ítems que conforman el instrumento que se utilizará para recolectar la información requerida en la investigación titulada: "Propuesta Educativa para el desarrollo de Competencias Comunicacionales, sustentadas en el enfoque de la Programación Neurolingüística".

Por su experiencia profesional y méritos académicos, me he permitido seleccionarlo(a) para la validación del instrumento. Sus observaciones y recomendaciones contribuirán a la mejora de la versión de final del mismo.

Se anexa Planilla de Validación que contiene los criterios de Congruencia, Claridad y Tendenciosidad.

Agradeciéndole de antemano su aporte.

Atentamente

____

Miguel Herrera y Joel León

Planilla de Validación.

I PARTE.

Ítem	Congruencia Si	Congruencia No	Claridad Si	Claridad No	Tendenciosidad Si	Tendenciosidad No	Observaciones
1	□	□	□	□	□	□	___________
2	□	□	□	□	□	□	___________
3	□	□	□	□	□	□	___________
4	□	□	□	□	□	□	___________
5	□	□	□	□	□	□	___________
6	□	□	□	□	□	□	___________
7	□	□	□	□	□	□	___________
8	□	□	□	□	□	□	___________
9	□	□	□	□	□	□	___________
10	□	□	□	□	□	□	___________
11	□	□	□	□	□	□	___________
12	□	□	□	□	□	□	___________
13	□	□	□	□	□	□	___________
14	□	□	□	□	□	□	___________
15	□	□	□	□	□	□	___________

Planilla de Validación.

II PARTE.

Ítem	Congruencia Si	Congruencia No	Claridad Si	Claridad No	Tendenciosidad Si	Tendenciosidad No	Observaciones
1	□	□	□	□	□	□	____________
2	□	□	□	□	□	□	____________
3	□	□	□	□	□	□	____________
4	□	□	□	□	□	□	____________
5	□	□	□	□	□	□	____________
6	□	□	□	□	□	□	____________
7	□	□	□	□	□	□	____________
8	□	□	□	□	□	□	____________
9	□	□	□	□	□	□	____________
10	□	□	□	□	□	□	____________
11	□	□	□	□	□	□	____________
12	□	□	□	□	□	□	____________
13	□	□	□	□	□	□	____________
14	□	□	□	□	□	□	____________
15	□	□	□	□	□	□	____________
16	□	□	□	□	□	□	____________
17	□	□	□	□	□	□	____________
18	□	□	□	□	□	□	____________
19	□	□	□	□	□	□	____________

ANEXO C

Instrucciones: Marque con una equis (x) el paréntesis correspondiente a la respuesta correcta de cada planteamiento formulado.

I PARTE

1. La Programación Neurolingüistica se define como:
   ( ) Una reconstrucción verbal del pensamiento que facilita la adquisición de aprendizajes efectivos.
   ( ) Un método de control que permite desarrollar comportamientos asociados a procesos mentales del hombre y su entorno.
   (**X**) Un enfoque cuyo objetivo es lograr que el hombre se desarrolle y se realice plenamente a través de la comprensión, de la interacción y la experiencia subjetiva en términos de estructura.
   ( ) Un programa que ofrece un modelo único de persuasión de las emociones, con el fin de tomar decisiones sobre criterios preestablecidos de la conducta observada.

2. La PNL se sustenta bajo las bases de la:
   ( ) Psicología, teoría constructivista, teoría de la relatividad y del desarrollo humano.
   (**X**) Lingüística, teoría de la comunicación, Neurología, teoría de la información.
   ( ) Filosofía, análisis transaccional, informática, metodología estructural y la psicolinguística.

( ) Neurología, la teoría bioenergética, el modelo transformacional fundamental y de la Nemotecnia.

3. La PNL ha basado su sistema en un modelo comunicacional que permite descifrar los lenguajes provenientes de las diferentes zonas del cerebro para integrarlos a un proceso:

(X) global que ayude a ampliar los paradigmas, a cambiar las estrategias, a desbloquear energías, a agudizar la capacidad perceptual.
( ) Particular que contribuye a sincronizar el conocimiento del individuo sin que haya la intervención de factores externos.
( ) Sistemático de la experiencia individual que redunda en el pensamiento cognoscitivo y encubre los fallos de la comunicación.
( ) Paradigmático que involucre ciertas estrategias comunicacionales en los mensajes decodificado para condicionar la capacidad perceptual.

4. La estructura de la conciencia y la conducta del individuo están determinadas por:

( ) La ideología predominante de culturas imponentes.
(X) Los atributos de la lengua que hablan las personas.
( ) La forma particular de desbloquear las energías por causa de pasados traumas.
( ) Las sucesivas evoluciones de las especies.

5. La comunicación en el hombre es un proceso complejo en el que participa:

( ) De manera desigual estructuras cerebrales y emocionales.
( ) De forma ponderada las relaciones lógico-semánticas.
( ) Por igual una estructura profunda del cerebro.
(X) Por igual las estructuras cerebrales, sociales y culturales.

6. En PNL a la representación del mundo, de la realidad de cada persona en particular se le denomina:

( ) Mensaje
(**X**) Mapa
( ) Metamodelo
( ) Canal sensorial

7. Uno de los postulados de la PNL plantea que si algo no funciona en la comunicación hay que:

( ) Desistir del error y asumir el fracaso
( ) Persistir en las técnicas empleadas hasta lograr el éxito
(**X**) Probar con otras conductas, variar el comportamiento hasta lograrla respuesta deseada.
( ) Distorsionar la realidad para involucrar al individuo en su propio fracaso.

8. En PNL todas las representaciones sensoriales experimentadas y expresadas interna y externamente, de las cuales el observador tiene una evidencia, se denomina:

( ) Metalenguaje
( ) Mensaje
( ) Adaptabilidad
(**X**) Comportamiento

9. El sistema representacional se realiza de manera adecuada a través de los sistemas:

(**X**) Perceptuales
( ) Neurológicos
( ) Lingüísticos
( ) Cibernéticos

10. La penetración y adaptación del modelo de cada persona al modelo de otra y que establece un acoplamiento físico y psicológico dirigido a lograr en la otra persona un estado deseado, recibe el nombre de

( ) Sinestesia
(**X**) Rapport
( ) Modelaje
( ) Sincronización

11. Un mecanismo de modelaje del ser humano que consiste en el proceso mediante el cual una experiencia específica sirve para representar una experiencia en su totalidad se identifica como:

(**X**) Generalización
( ) Distorsión
( ) Eliminación
( ) Configuración

12. El metamodelo se define como un:

( ) Acto mediante el cual se modifica la experiencia de una comunicación que ha tenido éxito.
( ) Proceso a través del cual prestamos atención a unas cosas y no a otras sin intervención alguna.
(**X**) Paradigma que identifica pautas, patrones del lenguaje y que conforman nuestras creencias.
( ) Producto de integración de muchas experiencias percibidas del mundo exterior.

13. La estrategia comunicacional que tiene la capacidad de establecer conexión entre dos caras diferentes reconociendo que en cierto modo comparten un rasgo en común o ejemplifican un principio común se denomina:

( ) Metalenguaje
(**X**) Metáfora
( ) Rapport
( ) Reencuadre

14. El anclaje se define como una estrategia comunicacional que obedece a:

( ) Alternativas que permiten satisfacer la intención positiva y asegura que las nuevas soluciones hayan sido aceptadas.

( ) Estados internos de ramificación de las ordenes cerebrales que proporcionan una dosis de significado.

(**X**) Estímulos sensoriales que desencadenan en comportamientos y estados internos de un individuo para el logro efectivo de sus metas.

( ) Respuestas que permiten reestablecer la armonía, llevándolo a las partes a cooperar a partir del descubrimiento de su(s) valor(es).

15. La técnica del Squash permite:

(**X**) Distinguir la función positiva del comportamiento y ascender en la jerarquía de los objetivos y los valores para lograr el objetivo común.

( ) Evitar que el conflicto se resuelva a través de la integración de las partes.

( ) Descubrir que el sujeto es consciente de tener una parte creativa, anclando varias experiencias de creatividad imaginaria.

( ) Distinguir la problemática a través de estímulos sensoriales para crear en la mente imágenes.

CURRICULUM VITAE

Dr Miguel S Herrera Estraño

Miguel Segundo Herrera Estraño, cédula de identidad 3.126.227, nacido el 7 de Abril de 1943 en Puerto Cabello Estado Carabobo.

Realizó estudios en la Universidad de Carabobo Facultad Ciencias de la Salud, egresando con el título de Médico Cirujano en el año 1968.

En el año 1974 obtiene el título de Psiquiatra en el Centro de Salud Mental del Este "El Peñón" Baruta Estado Miranda.

Actualmente es Profesor jubilado con categoría de Asociado de la Universidad de Carabobo Facultad Ciencias de la Salud Escuela de Medicina "Witremundo Torrealba" Departamento de Salud Mental.

Experiencia docente: Coordinador de Psicopatología, Departamento de Salud Mental, Núcleo Aragua desde 1991 hasta 1992, Coordinador de la Comisión de Investigación del Departamento de Salud Mental, Núcleo Aragua desde Mayo de 1990 a Enero 1993, Profesor Agregado, Universidad de Carabobo, Departamento de Salud Mental desde Enero

2002, Coordinador de Extensión y Servicios de la Facultad de Ciencias de la Salud, Núcleo Aragua a partir de junio 2001 hasta marzo 2002.

Director de Extensión y Servicios de la Facultad de Ciencias de la Salud, Universidad de Carabobo a partir del 18 de abril de 2002 hasta abril 2005

Desde enero 2009 hasta 2011 Coordinador General de Cultura del Núcleo Aragua de la Universidad de Carabobo.

Médico Psiquiatra jubilado del IVSS e IPASME Maracay en el año 2000

VII Curso Medio de Salud Pública UC Aragua, 1994

Especialista en Salud Pública. Curso de Gerencia en Salud.
Universidad de Carabobo. Departamento de Salud Pública.
1.997

Curso de Programación Neurolingüistica, ATE, Maracay, junio de 1990

Practitioner en PNL, Caracas, junio de 2000.
Master Practitioner en PNL, Valencia, España, 2001

Magíster en Educación Mención Orientación UPEL, Maracay, 2005.

Doctorado en Patología Existencial e Intervención en Crisis. Universidad Autónoma de Madrid 2010

Coach ICG, On line, Australia desde 2013
Curso en Línea: ¿Cómo enseñar Ética, Capital Social y Desarrollo en la Universidad De INEAM- OEA y BID del 12 de septiembre al de diciembre 2005

Curso On line de Coaching Ontológico en COCREAR . Buenos Aires
Miembro del Comité de Bioética del BIOMED, FCS, sede Aragua desde 2007 hasta
2009

Idiomas
Ingles, (lectura). Italiano

Ha realizado diversas actividades como Ponente en Seminarios y Jornadas de Orientación Familiar, Orientación Juvenil, Psicopatología y Psiquiatría.

Actividades científicas: Miembro titular de la Sociedad Venezolana de Psiquiatría, Secretario Capítulo Aragua 1989-1991, Presidente Capítulo Aragua 1992-1994, Secretario Finanzas Capítulo Aragua 1995-1997 y Vocal Directiva Nacional Sociedad Venezolana de Psiquiatría 1994-1996.

CURRICULUM VITAE

Datos personales.

Nombres y Apellidos: Joel Alfonso León Montes.
Lugar y fecha de Nac.: Caracas. 14 – 09 – 1946.
C.I. Nº. 2.511.104.
Tlfs.
0416 6434630 – 0414 4769776 - 02432676105.
CORREO ELECTRÓNICO: jleón62@gmail.com

Estudios Realizados.

Médico-Cirujano. Universidad de Carabobo.
Noviembre 1.971.

Post-grado en Psiquiatría. Escuela de Psiquiatría del Hospital Psiquiátrico de Caracas. Título emitido por el Ministerio De Sanidad Y Asistencia Social.
Enero 1.978 – noviembre 1.980.

Curso sobre Salud Ocupacional. Proceso de Trabajo y Salud. Dictado por la Escuela de Malariología y Saneamiento Ambiental.
Noviembre 1.982.

Programa de Formación del Personal Docente. Dictado por el Area de postgrado de la Universidad de Carabobo.
1.982 – 1.983.

Psicofarmacología en la Práctica Clínica. Sociedad Venezolana de Psiquiatría.
Julio 1.978.

Curso de Neurociencias. Sociedad Venezolana de Psiquiatría.
Abril a julio 1.978.

Jornadas de Actualización Sobre el Uso y Abuso de Alcohol y Drogas. Universidad Simón Bolívar y Fundación José Félix Rivas.
Marzo 1.988.

Congreso Internacional sobre Alcoholismo y Fármaco-dependencia. Ministerio de sanidad y Asistencia Social. Marzo 1.978.
Especialista en Salud Pública. Curso de Gerencia en Salud.
Universidad de Carabobo. Departamento de Salud Pública.
1.997

Magíster en Educación. Mención Orientación.
Universidad Pedagógica Experimental Libertador.
Mayo 2004.

III Congreso Latinoamericano de Neuropsicofarmacología
Colegio Venezolano de Psicofarmacología.
2001.

X Jornadas de Investigación Educativa y Congreso internacional.
Ponente del trabajo: Salud Mental en Docentes. Caso: Francisco Linares Alcántara.
Universidad Central de Venezuela. Facultad de Humanidades y Educación.

Investigación.

Aspectos sobre el Estado Actual de la Lepra en Carabobo. Publicado en la Memoria de la Cátedra de Medicina Preventiva y Social. 1971.

Características de la Familia del Fármacodependiente. Estudio preliminar. Presentado en las VI Jornadas de Psiquiatría.
Noviembre 1.980

Fármaco dependencia y Delito. Presentado en las VI Jornadas de Psiquiatría.
Noviembre 1.980.

Algunos Aspectos de la Fármaco dependencia en los Jóvenes Hospitalizados en Aviluz. Presentado en las VI jornadas de Psiquiatría.
Noviembre 1.980.

Experiencias y Expectativas de un Grupo de Padres Frente a su Hijo con Retardo Mental. Trabajo presentado para ascender a la categoría de Profesor Asistente de la Universidad de Carabobo.
Junio 1.983.

Trastornos de Personalidad en Estudiantes de Medicina del Núcleo Aragua de la Universidad de Carabobo. Trabajo presentado para ascender a la categoría de Profesor Agregado de la Universidad de Carabobo. Marzo 2002.

Salud Mental en Docentes. Caso: Municipio Francisco Linares Alcántara. Trabajo de grado para obtener el título de Magíster. Mención publicación. Mayo 2004

Asociaciones.

Miembro titular de la Sociedad Venezolana de Psiquiatría desde 1.983.
Presidente del Capítulo Aragua de la Sociedad Venezolana de Psiquiatría.
1.994 – 1.996.

Miembro del Colegio de Médicos del Estado Aragua. Desde 1.974

Experiencia docente.

Profesor Asociado del Departamento de Salud Mental de la Universidad de Carabobo. Núcleo Aragua.
Instructor de Curso de Salud Ocupacional. Dictado por la Escuela de Malariología.
1.984.

Profesor de Clínica Psiquiátrica. Asignatura del X semestre de la carrera de medicina. 1.981 – 1.988.

Profesor de Psicopatología. Asignatura del VI semestre de la carrera de medicina. 1.983 – 1.991.

Profesor de Salud Mental I y II. Asignaturas del primero y segundo año de la carrera de Medicina. 1.992 – 1.998.

Profesor de Psicología Evolutiva II. Asignatura del segundo año de la carrera de Medicina. 1.999 – 2.000.

Profesor de Psicopatología y Clínica Psiquiátrica. Asignatura del V año de la carrera de Medicina. 1.993 – 2000.

Profesor de Psicología Evolutiva I. Asignatura del primer año de la carrera de Medicina.
2000 – 2004.

Profesor de Medicina Psicosomática. Asignatura del tercer año de la carrera de medicina. 2000 – 2004.

Docente del Diplomado en Ciudadanía y Desarrollo Social. Centro Nacional de Capacitación Comunitaria, adscrito al Instituto de Altos Estudios de la Salud "Dr. Arnoldo Gabaldón". 2005.

Docente de la asignatura Fundamentos Teóricos, Conceptuales y Referenciales en Salud Mental, componente inicial del Diplomado en Salud Mental. Dictado por el Departamento de Salud Mental de la Universidad de Carabobo. Núcleo Aragua. 2005 – 2006.

Facilitador en las actividades de Formación en Ciudadanía realizado en la población de waraos y criollos de San José de Buja, Estado Monagas.

Actividades desarrolladas en el marco del convenio Asociación Mundial de la Vivienda Rural, Gobernación del Estado Monagas y Ministerio de Salud. 2005.

Experiencia laboral.

Médico de la Medicatura Rural de Niquitao. Edo. Trujillo.
1.971- 1.972.

Médico Residente asistencial del Hospital Guárico. San Juan de los Morros. 1.972 – 1.975.

Médico Interno del Hospital Central de Maracay. 1.975 – 1.976.

Médico Residente de Traumatología. Hospital Central de Maracay. 1.976 – 1.978.

Médico Residente de Postgrado. Hospital Psiquiátrico de Caracas. 1.978- 1.980

Profesor de la Universidad de Carabobo. 1.981 – hasta su jubilacion.
Director de la Comunidad Terapéutica del Estado Aragua. Fundación José Félix Rivas. 1.988 – 1.991.

Jefe del Departamento de Salud Mental de la Universidad de Carabobo. Núcleo Aragua. 1.983 – 1.986 y desde el 1.999 – 2.000.

Psiquiatra consultante del Centro de Salud Mental de la Universidad de Carabobo. Núcleo Aragua. 1.985- 2.004

Psiquiatra del equipo interdisciplinario de los tribunales de Violencia contra la mujer, estado Aragua, Venezuela.

DISTINCIONES

Orden al Mérito al Trabajo en Primera Clase.
Ministerio del Trabajo. 1996.